CW00820895

L'un et l'autre

Collection
dirigée par J.-B. Pontalis

Christian Jouhaud

LA MAIN
DE RICHELIEU
OU
LE POUVOIR CARDINAL

Gallimard

Si je marmonne *Richelieu*, les yeux mi-clos et la tête vide, je ne vois rien. Si je pense à Du Guesclin, Churchill, saint Vincent de Paul ou Marie Besnard, je crois les voir. Si je pense à lui, le cardinal, et non à la ville de Richelieu (Indre-et-Loire) ou à la rue de Richelieu (Bibliothèque Nationale), je vois des tiroirs de fiches, des livres. Je vois le nom de Richelieu imprimé, manuscrit, reproduit à des milliers d'exemplaires. Je vois que l'écriture du nom de Richelieu a recouvert ce qu'il désignait.

A feuilleter, survoler, dévorer, travailler tout ce qui peut être lu sur Richelieu (Dieu sait si l'on peut en lire), on ne voit plus que les livres, l'éclat de certains, la nullité de beaucoup, les recopiages, les polémiques. Et Richelieu devient peu à peu ce qui leur échappe. Richelieu – Armand Jean du Plessis – a-t-il existé? Les récits ne l'ont-ils pas inventé (une main de fer dans un gant de velours)? A-t-il été autre chose qu'une signature au bas d'une lettre? Autre

7

chose qu'un bon sujet pour les peintures de Philippe de Champaigne? Il n'est pas sûr que cela importe vraiment. Ce qui compte, c'est l'énorme abstraction nommée Richelieu, le pouvoir de Richelieu ou le pouvoir-Richelieu. Reste cependant la certitude des rapports entre ce pouvoir et cette petite tête qui regarde les spectateurs sur les tableaux de Champaigne. Une certitude dont il faut bien s'accommoder.

I

PANDÉMONIUM

Dans une séquence de son film *Les Diables*, Ken Russell le représente de dos, debout sur une espèce de petit chariot que tirent des domestiques. L'idole animée traverse ainsi ses archives : elles le font maître du royaume, génie politique de l'Europe en sang. Je songe à ces images en poussant un escabeau à roulettes, le long des rayons d'une bibliothèque opulente. En quatre mois j'aurai repéré, ouvert, feuilleté, lu ou parcouru ce qui y concerne Richelieu. Le classement est thématique et ouvert : la plaquette érudite avoisine le roman historique. A côté d'ouvrages oubliés, de tirés à part de revues confidentielles, on découvre là tout ce qui a compté dans l'historiographie. Et tout cela pêle-mêle.

Au bout de quelques semaines, à force de sortir les volumes et de les remettre en place, de l'ordre se crée dans cette promiscuité heureuse. Des parcours s'imposent qui ne suivent plus la progression des cotes mais font lentement glisser d'îlots érudits en îlots charlatanesques, en passant par des péninsules où les valeurs se brouillent. Richelieu a beaucoup servi. Surtout depuis le XIXe siècle. Il a servi la monarchie autoritaire, censitaire, libérale, la République et l'Empire. Les classiques, les romantiques, la droite et même, à l'occasion, la gauche.

Richelieu est donc accueillant à l'histoire. Toutes sortes d'histoires. En janvier 1939, la Marine nationale pouvait être fière de son nouveau cuirassé ultramoderne, le *Richelieu*. Ce beau navire, qui ne sera qu'endommagé par les bombes anglaises dans le port de Dakar au mois de juillet de l'année suivante, stimule, en ma rêverie bibliothécaire, l'image des îles historiographiques. Mais l'air conditionné et l'odeur des livres n'évoquent guère le grand vent au sortir de la rade de Brest. Plutôt l'une de ces barques à fond plat qui tracent un modeste sillage dans la pâte verte des lentilles d'eau du Marais poitevin.

Si je tiens à ces divagations aquatiques, ce n'est pas pour arriver à la charge de grand maître et surintendant général de la navigation et du commerce qui faisait semer au cardinal, partout dans ses palais, ancres et rostres, mais plutôt pour évoquer la perplexité flottante qui m'a porté au fil de mes lectures. En fait, si je pense aux livres qui remplacent Richelieu quand je ferme les yeux pour penser à lui, ce que je vois, c'est une succession de tableaux édifiants, grotesques ou horribles. Les détails, qu'on retrouve d'un tableau à l'autre, souvent font vrai et pourtant leur assemblage, le dessin, les couleurs rappellent une fresque ancienne, presque effacée, qu'on aurait restaurée au vinyl et qui déjà se salit et s'écaille. Une vision plus joyeuse et moins postmoderne nous conduirait à Disneyland, dans le repaire des pirates. Vous embarquez sur une barge qui s'enfonce sans moteur, voile ni rame dans le noir d'une fausse nuit. Le noir assure le dépaysement, la disponibilité au spectacle, et sert à effacer la réalité des machineries qui font marcher, et passer pour vraies, les choses fausses qu'on vous montre. Plus vous avancez et plus la nuit donne d'éclat aux décors que soulignent les jeux de lumière. Les automates ne cherchent pas à dissimuler qu'ils n'ont pas d'âme et accèdent ainsi à une sorte d'existence propre qui, rétroactivement, rend vivante l'imagerie des pirates qui a servi de modèle.

Voyez d'abord Voltaire s'esclaffer sur le *Testament politique* devant un parterre de savants consternés, tous dévots du cardinal. Second tableau, un chœur de maîtres d'école au temps de la séparation de l'Église et de l'État, clercs et laïcs mêlés, agite une banderole où se lit : « ruiner le parti protestant, abaisser l'orgueil des grands, abattre la puissance des Habsbourg ». Plus loin un diptyque : Gabriel Hanotaux brandit devant les soldats de Verdun l'allégorie de Richelieu donnant l'Alsace à la France. De l'autre côté, le même montre un des portraits de Champaigne à la tribune de la Société des nations, pour fêter la paix revenue et le nouvel ordre européen. Et puis vient une série de visions paisibles dans la lumière si douce et si nette de la clarté française : l'Académie française célébrant son fondateur, Corneille reconnaissant le génie de Richelieu reconnaissant le génie de Corneille au nez et à la barbe du monstre jalousie, le roi protégeant son ministre, le ministre protégeant la charité, la poésie, les missions, la Sorbonne et les marchands.

Après une petite station, plutôt pénible, devant le spectacle des malheurs du temps qui menacent l'œuvre de redressement et contraignent l'homme d'État à une implacable et virile fermeté, apparaît le groupe des grands érudits modestes, évidemment dominé par la figure si douce d'Avenel, « la tête droite sous sa petite calotte », faisant patienter la mort pour finir le dernier volume de ses *Lettres, instructions diplomatiques et papiers d'État du cardinal de Richelieu.*

A la station suivante, il ne faut pas, l'œil capturé par la discussion élégante des anciens ambassadeurs, des consuls en exercice, des chartistes éminents qui dissertent sur la guerre couverte et la guerre ouverte, passer sans le voir devant un conférencier qui explique à un public choisi, le 4 décembre 1942 (jour anniversaire de la mort du cardinal), combien ce grand Français a aimé l'Allemagne. A côté de lui, Marcel Déat écrit déjà la préface chargée de présenter ce texte, qui « déblaie les voies de la jeune Europe », au public de connaisseurs des éditions du Rassemblement national populaire. Derrière eux, un consul de France du temps de l'affaire Dreyfus déplore que des mains juives aient pu toucher le coffret de chêne contenant le crâne de Richelieu quand on l'exhuma du tombeau de la Sorbonne.

Enfin, juste avant d'atteindre le groupe replet des faiseurs de biographies vendues au poids, vous tombez sur le professeur à la Sorbonne champion de *la méthode historique positive de l'Université*, autrement nommée la science. Une voix caverneuse se fait entendre quand son maxillaire inférieur s'abaisse : « contre les mythes, voyez ma thèse, seconde édition » (la première était infectée de marxisme). Pourtant l'image qu'il agite en cadence n'est qu'une copie de Champaigne, celle qu'on trouve au rectorat de Paris et qui avait été saccagée par des anarchistes une nuit de janvier 1969. Aux graffiti gauchistes il a substitué les siens, « cet homme fut grand, grand par l'esprit, grand par le cœur, il a assuré l'indépendance et la grandeur du roi et du royaume et sauvé les libertés de l'Europe ».

En sortant de ce pandémonium vous chantonnez :

13

It's a small small world,
It's a world of laughter
A world of fears...
It's a small world after all.

Le 17 juillet 1932, une cérémonie solennelle se
tenait à Richelieu. On inaugurait une statue du
cardinal « dans le faste d'une apothéose », selon
l'expression mesurée de Mgr Grente, l'archevêque
du Mans, qui prononça à cette occasion un discours
dans l'église (d'ailleurs magnifique) de la ville
nouvelle construite à partir de 1631. Il ajoutait :
« pour fêter ici le retour de Richelieu, l'Église et
l'État se sont levés... », faisant allusion aux pré-
sences du ministre de l'Éducation nationale (de
Monzie), du cardinal Baudrillard, de l'archevêque
de Tours, de l'évêque de Luçon (« moins hasar-
deux, plus fervent que son lointain prédécesseur »),
et aussi à celle de Louis Madelin et du duc de
La Force, tous deux historiens et académiciens.
Mais l'Académie était surtout représentée par
Gabriel Hanotaux qui faisait figure de vedette et
de grand prêtre de cette inauguration. Il avait, lui,
à prononcer le discours principal devant la statue
installée entre la porte sud de la ville et l'entrée du
parc de l'ancien château. Ce discours, il déclara lui-

14

même qu'il y songeait depuis 1912. Il n'avait pas été facile, en effet, d'obtenir le transfert de ce Richelieu, un temps perché sur le pont de la Concorde, avant d'être mis à l'abri des insultes parisiennes dans la cour du château de Versailles.

A quatre-vingts ans, Hanotaux restait un brillant orateur. Une fois encore, il entonna à cœur joie la gloire de son héros : « L'homme d'État observait l'Europe et attendait son heure : le désordre inhérent à ce peuple germanique, foule amorphe au milieu de l'Europe, devait le lui fournir. Protestants et catholiques, hommes du Nord et hommes du Sud, fédéralistes et impérialistes se déchiraient sous ses yeux attentifs. Il laissait faire, suspendant son action, et se préparant à choisir... L'affreuse désagrégation connue en histoire sous le nom de " guerre de Trente Ans ", étendait sur cet âge misérable sa pourriture saignante et contagieuse. La France, principe d'ordre, se leva et appliqua son clair génie à ces choses troubles qu'il s'agissait de purifier. » Ce clair génie s'incarne bien sûr dans « l'homme à la robe rouge ».

Mais, chose étrange, ce 17 juillet, il pleuvait à torrents, et sans discontinuer, sur le Centre-Ouest de la France. Le ciel faisait un pied de nez à l'académicien qui attaquait sa péroraison par une évocation de la ville (« symétrie, ordre classique, chaque chose à sa place ») et des « douces lumières de son

15

ciel nuancé ». « L'atmosphère en un mot, l'atmosphère où il a vécu, qui, enfin, le retrouve et met
ce Français là où il doit être en notre France si
belle et si diverse. » La semaine suivante, *L'Illus-
tration* consacrait sa photo de première page à
l'inauguration. On y voit Hanotaux trempé parler
à une assemblée de parapluies. En pages inté-
rieures, l'article semble trahir, par sa maigreur, une
déception, comme une attente trompée. A qui la
faute? A Richelieu?

Sur le piédestal de la statue une phrase avait été
gravée, troublante en son ambiguïté : « C'est la justice que j'ai aimée non pas la vengeance. » Seule,
ainsi, elle ressemble à un aveu : « Je n'ai pas aimé
la vengeance qui fut mon lot quotidien, mais la
justice. » Seconde étrangeté, les derniers mots du
discours d'Hanotaux : « De le voir ainsi, jaillit des
lèvres la parole de la royauté elle-même surprise du
rival qu'elle vient d'abattre : " je ne le croyais pas
si grand! " » Richelieu comparé au duc de Guise
assassiné sur l'ordre d'Henri III! De quelle grandeur s'agit-il alors? Dans le recueil des articles et
discours d'Hanotaux, cette fin a été supprimée :
c'était donc une faute de goût, ou un lapsus peut-
être. Mais cela a bien été dit, un jour où l'on fêtait
le cardinal de Richelieu, à Richelieu, sous la pluie.

En fait, cette cérémonie solennelle arrivait trop
tard. On avait décidément trop attendu. Richelieu

n'était plus en 1932 ce qu'il était en 1912. Après la guerre de 1914-1918, le camp de ses thuriféraires s'était clairsemé. On s'était mis à douter de tout et d'abord de l'authenticité de ses écrits. Pourtant entre 1850 et 1914, l'érudition avait paru détruire enfin les insinuations de Voltaire et l'on avait commencé à rééditer les *Mémoires*. En 1932, cette publication n'était pas achevée et son principal responsable, Robert Lavollée, bataillait encore, tout en cédant du terrain aux partisans du doute. Déjà, les cardinalistes se repliaient sur le *Testament politique* (où ils campent encore), dont Hanotaux prétendait bien haut avoir apporté la preuve définitive de l'authenticité. L'image dessinée à traits si nets dans le premier entre-deux-guerres (1870-1914) se troublait. Et le voyage de Versailles à Richelieu pour une statue qui avait trôné sur le pont de la Concorde ressemblait fort à un départ à la retraite.

Depuis quarante ans, Hanotaux régnait sur l'histoire et le culte de Richelieu. Cela tenait pour une part à son œuvre d'historien mais aussi à sa position d'académicien et à sa carrière politique.

Son goût pour l'histoire était né au contact de son grand-oncle, Henri Martin, auteur alors célèbre d'une *Histoire de France* en dix-sept volumes. Mais on le trouve en 1879 (il a vingt-six ans) attaché au ministère des Affaires étrangères, après des études de droit. L'année suivante, il entre, sans concours, à l'École des chartes. Cette hésitation entre deux carrières allait être à l'origine de son succès. En 1884 il publie sa thèse de l'École des chartes (où elle a été médiocrement reçue), consacrée aux intendants de province de 1550 à 1631. Entre-temps, il a rencontré Richelieu et il a rencontré Gambetta. Il devient l'homme lige du premier et entre, ensuite, au cabinet du second. Et, comme il l'écrit lui-même dans ses souvenirs publiés en 1933, Richelieu n'est pas ingrat : « A peine ai-je prononcé le nom de Richelieu que, partout, les portes s'ouvrent : c'est un talisman. Les revues, les journaux accueillent mes premiers essais; les bonnes volontés sans nombre viennent à mon aide; des renseignements précieux me sont fournis; des documents inédits me sont signalés. Plus d'hésitation, pas de temps à perdre : je sais où je vais; j'y vais. Travail, voyages, réflexions, plaisirs, rêves, carrière, tout se concentre et s'absorbe en cet unique sujet. Je ne pense qu'à cela, je ne jouis que de cela. Car Richelieu, c'est la France. » Après avoir servi Gambetta, il trouve cependant le temps de devenir le chef du cabinet de Jules Ferry (1885).

Dès 1880, il avait publié l'ouvrage qui le lançait comme spécialiste de Richelieu. Après avoir obtenu, grâce à ses relations au ministère, la faveur encore rarement accordée de travailler aux archives du Quai d'Orsay, il avait pu se plonger dans les papiers du cardinal que personne n'avait encore vraiment lus. Pourtant, c'est à la Bibliothèque Nationale qu'il mit la main sur le manuscrit qu'il allait publier sous le titre assez fracassant de *Maximes d'État et fragments politiques du Cardinal de Richelieu*. Il s'agissait, en fait, d'un recueil au statut douteux — et en tout cas complexe — de notes de lectures, d'extraits de discours et de lettres, de lieux communs. Hanotaux n'hésita pas dans son interprétation : « Nous assistons au travail intime qui se faisait dans la pensée et sous la plume de l'homme d'État. Nous le prenons sur le fait, au milieu des préparatifs de ses grands desseins, dans le tour négligé d'un homme qui se parle à soi-même et qui s'avoue à soi-même ce que les autres ont grand-peine à deviner au milieu de l'enveloppé de ses paroles et de l'insuffisante information de ses actes publics. Nous entrons dans le secret de ses lectures; nous voyons ce qu'il allait y chercher, et à quelles sources s'abreuvait ce grand politique. » De plus, se fondant sur des notes marginales présentes sur le manuscrit, il montrait que ce recueil avait servi à la préparation du *Testament politique* et il en faisait donc une preuve de son authenticité. L'importance de la trouvaille, soulignée par une série d'articles qu'il donna en 1879 au *Journal des savants*, lui valut d'accéder à la prestigieuse et officielle collection des *Documents inédits sur l'histoire de France*, celle où Avenel avait publié sa correspondance de Richelieu en huit volumes. Désormais les *Maximes d'État*, qui ne comptaient qu'une centaine de pages allaient faire figure de suite au monument d'Avenel.

Avenel avait fait toute sa carrière comme conservateur à la bibliothèque Sainte-Geneviève. Son brillant continuateur (né — est-ce un signe? — en 1853, l'année où paraissait le premier tome des *Lettres, instructions diplomatiques et papiers d'État*) devenait, au sortir du cabinet de Ferry, conseiller d'ambassade à Constantinople avant d'être élu député l'année suivante (au centre gauche). Battu aux élections de 1889, sans doute pour s'être mis clairement dans le camp des adversaires républicains du général Boulanger, il retournait au Quai d'Orsay, non plus aux archives, mais à la direction des Affaires politiques puis des consulats.

Le 30 mai 1894, il entre au gouvernement Dupuy comme ministre des Affaires étrangères. Il le restera jusqu'en 1898 (avec une interruption de six mois). Un an avant qu'il ne devienne ministre, sortait le premier tome de son *Histoire du cardinal de Richelieu*. Le second (1896) lui vaudra son élection à l'Académie. A quarante-cinq ans, il était ancien ministre, académicien et sacré grand historien. « Richelieu m'a conduit aux Affaires étrangères... à la politique, à la diplomatie ›, écrivait-il plus tard. En retour, les Affaires étrangères ont singulièrement renforcé son autorité d'historien. On lui accorde volontiers que le partage des secrets de l'État, la pratique de la négociation et des rapports de forces internationaux fournissent un point de vue privilégié sur la politique du cardinal. Il jouit ainsi d'une sorte de préséance accordée fort spontanément par ses compagnons en érudition. Appelé à préfacer le premier tome de la nouvelle édition des *Mémoires* de Richelieu, le baron de Courcel, lui aussi historien et diplomate, souligne la force du lien ainsi créé, et ses conséquences pratiques : ‹ Lorsque M. Hanotaux, après avoir raconté la jeunesse de Richelieu et éclairé d'une manière toute nouvelle le milieu de famille d'où il était sorti, devint lui-même son successeur à la tête de la politique extérieure de la France, un des plus distingués parmi les sous-directeurs du ministère des Affaires étrangères, M. le comte Horric de Beaucaire, eut l'impression juste que le moment était venu de mettre à la portée du public une nouvelle édition des célèbres *Mémoires*, plus complète et mieux étudiée que les précédentes. Il était assuré de pouvoir compter sur la bienveillance et sur le puissant appui de son chef pour que l'exécution matérielle de ce travail lui fût facilitée. ›

Après la parution des tomes 4 et 5, les attaques

contre l'authenticité des *Mémoires* se sont multipliées. Les maîtres d'œuvre de la réédition font alors appel à Hanotaux pour trancher le débat et justifier leur entreprise. Il rédige donc une préface pour le tome 6, dans laquelle il tente de nuancer et de mettre en perspective historique la notion d'authenticité et la notion même de *mémoires*. Mais le point crucial du débat était de savoir si les *Mémoires* avaient été préparés avant ou après la mort de Richelieu. Hanotaux oublie cette question et dénonce simplement une conception trop étroite de l'authenticité : il est évident, écrit-il, que Richelieu n'a pas tenu la plume mais il a bien été l'inspirateur direct de la rédaction. Position fragile, sans véritables preuves pour l'étayer. Hanotaux, pour la défendre mieux, n'engage pas que son autorité de spécialiste et d'érudit : « S'imagine-t-on que Richelieu, mort en pleine activité et, si j'ose dire, sur la brèche des grandes affaires, ait eu le temps et la volonté d'écrire lui-même ces pages nombreuses où les faits révolus étaient exposés? Un ministre est absorbé non seulement par le présent, mais par l'avenir. Sa pensée et son activité n'ont pas de trêve. Revenir sur le passé! Mais il faudrait du temps, de la santé, que sais-je, il faudrait tout ce qui fait la tranquillité placide de l'homme de lettres. » Ces lignes si banales ne trouvent de force que dans la position d'ancien ministre de leur auteur. Cette voix qui sait d'expérience ce qu'être ministre veut dire peut seule affirmer avec autorité ce qui vient à l'esprit de tous : un ministre est un homme occupé. Avec lui, les truismes qui dissimulent les impasses de l'analyse historique deviennent des preuves.

L'autorité de l'historien pourra, en retour, servir quelques prises de position politiques en leur donnant un statut de grand dessein. La politique d'expansion coloniale, dont Hanotaux a été l'un des chantres, en offrirait plus d'un exemple. Mais il faut saisir ailleurs que dans les discours les services que rend Richelieu à la République par l'intercession du ministre des Affaires étrangères.

Quelques mois avant que l'historien de Richelieu ne devienne le chef de la diplomatie française, l'alliance franco-russe avait été scellée. Sa profondeur et sa solidité n'allaient apparaître que peu à peu, et, en particulier, à l'occasion du voyage de Nicolas II et de la tsarine à Paris en 1896. Une des tâches d'Hanotaux fut d'organiser ce voyage, en coordination avec le chancelier russe, le prince Labanov. Ce dernier vint lui-même à Paris au début de l'automne de 1895. Coïncidence, il pratiquait également l'érudition historique et ne cachait pas son goût pour l'étude du passé. Aussi, au milieu des attractions de la vie parisienne, Hanotaux eut-il la délicate et confraternelle attention de lui proposer d'assister à une séance de la Commission des Archives. On choisit pour la circonstance un important sujet : le cardinal de Richelieu et le projet de réédition de ses *Mémoires* soumis à la Société de l'Histoire de France par le comte Horric de Beaucaire.

A vrai dire, la Société de l'Histoire de France hésitait à s'engager dans une opération qui serait forcément longue et fort coûteuse : cette séance solennelle offrait peut-être l'occasion de lui forcer la main. La suite est racontée dans un article de la *Revue historique*, signé Pierre Bertrand et paru en 1922 : « Le ministre fit observer que l'Académie française ne demeurerait pas indifférente à la publication de l'œuvre de son fondateur, et que l'Institut tout entier viendrait sans doute en aide à la Société. M. Charmes, parlant au nom du ministre de l'Instruction publique, promit d'accorder à l'entreprise une souscription utile. En entendant ces belles promesses, les financiers présents sourirent sans protester, les diplomates et les historiens s'inclinèrent en souriant; puis on parla du cardinal de Richelieu, qui fut un grand ministre, ce qui mit un peu de gaieté dans les yeux des anciens ministres qui étaient là, on rappela le mot de Pierre le Grand, ce qui dérida le prince Labanov et, à l'unanimité, M. de Beaucaire fut autorisé à publier une troisième fois les *Mémoires du cardinal*

24

de Richelieu; après quoi, le ministre conduisit les membres de la Commission dans la salle à manger où ils déjeunèrent, sans s'inquiéter davantage de Richelieu et de ses *Mémoires*, satisfaits qu'ils étaient de contribuer à resserrer l'alliance franco-russe. »

Pierre Le Grand, selon le « mot » évoqué ici, aurait lancé, au sortir de la Sorbonne : « Grand homme, je donnerais la moitié de mon royaume à un ministre tel que toi, pour qu'il m'apprenne à gouverner l'autre. » Cette promesse gratuite n'avait que très peu joué dans le choix de l'activité culturelle proposée au ministre russe et dans le choix de son thème. N'écartons pas trop vite l'idée d'un coup de pouce donné par Hanotaux à son collaborateur Horric de Beaucaire pour l'aider à emporter la décision. Les érudits, trop soucieux de la bonne gestion des ressources de leur société, auraient ainsi été victimes d'un petit « coup » du Quai d'Orsay et, en quelque sorte, diplomatiquement roulés. La ruse des diplomates admirateurs de Richelieu — et qui dit ruse diplomatique se place sous le patronage du cardinal et assure la survie de son héritage — aurait déstabilisé la prudence des professionnels de l'étude du passé, peu préparés à voir se rebiffer les morts qu'ils assaisonnent.

En outre, les deux ministres historiens savaient que Richelieu, à sa manière, parlait aussi de leur alliance. Un des obstacles majeurs au rapprochement franco-russe, c'était la différence et comme l'hostilité naturelle des deux régimes. En France, on arrivait sans trop de mal, grâce à la catastrophe de 1870 et la haine du Prussien spoliateur, à oublier le despotisme tsariste. Mais la sainte Russie autocrate qui vomissait ses monarchistes libéraux voyait dans la République française ce que les Français du XVIIᵉ siècle voyaient dans le Turc. Or, Richelieu racontait aux Français, et, ce jour-là, surtout aux Russes, l'histoire d'un cardinal de l'Église romaine qui s'alliait avec les protestants, l'histoire d'un grand ministre de la monarchie admiré et célébré par la République, l'histoire d'un duc et pair « instituteur de la nation française ». Il devenait une figure historique majeure de la contradiction dépassée.

Ce rôle, il le tenait quotidiennement à l'école. Il a ainsi contribué à la préparation morale de l'Union sacrée. Après la défaite de 1870, les érudits avaient relancé Richelieu. Des commandos de chartistes ont suivi, en tout désintéressement scientifique. Et puis les historiens-diplomates du Quai d'Orsay.

A chaque étape, on retrouve le nom de Hanotaux. En 1910, il donne un avant-propos au livre qui signale, et représente sans doute, l'apogée de l'histoire posthume de Richelieu. Cet ouvrage, intitulé simplement *Richelieu*, appartient à une collection destinée aux adolescents. Il a la particularité d'être illustré de quarante gravures en couleurs; ce qui à l'époque, sans être absolument rare, n'était pas commun. Le travail d'édition est soigné et même luxueux. Hanotaux, dans sa présentation, ne cache pas son admiration devant l'objet. Il rend surtout hommage au peintre Maurice Leloir, en charge des images, mais aussi à l'auteur du texte, l'écrivain Théodore Cahu. L'association de ces trois noms, Hanotaux, Leloir, Cahu, autour de Richelieu, dans une entreprise hautement patriotique d'hagiographie historique, contribue à faire mieux comprendre la place prise par le cardinal dans *leur avant-guerre*.

Fort de son autorité d'historien reconnu (je n'ai pas rencontré de propos critiques sur son œuvre pendant toutes ces années), Hanotaux n'hésite pas à reprendre à son compte les clichés depuis longtemps remis en cause par les érudits, et par lui-même ailleurs : « L'homme qui a donné à la France des frontières définitives, l'homme qui a clos l'ère des dissensions religieuses, et qui a mis la dernière main à notre unité nationale, cet extraordinaire génie qui, selon une forte parole, " a eu les intentions de tout ce qu'il fit ", cet homme ne peut être oublié. » Et il enchaîne innocemment : « la légende s'est emparée de cette étrange figure ».

Au-delà de ce qu'il dit, l'avant-propos d'Hano-

taux accomplit un acte d'unité nationale. Théodore
Cahu, ancien de Saint-Cyr et de Saumur, officier
de cavalerie, avait été le chef du secrétariat du
général Boulanger, et son ami. En 1889, il s'était
présenté aux élections législatives sous la bannière
boulangiste, au moment même où son futur préfa-
cier de 1910 livrait bataille contre le général factieux et réclamait à la Chambre des poursuites
contre lui. Le catalogue de la Bibliothèque Nationale recense plus de quatre-vingts livres signés
Théodore Cahu ou Théo-Critt son pseudonyme. Il
s'agit d'écrits patriotiques (*Alsace-Lorraine 1877-
1899. L'Oubli?*), de fantaisies militaires (*La Colo-
nelle Durantin, Les Loisirs d'un hussard, Nos farces
au régiment*), de récits de voyages, de romans légers
(*La Maîtresse du notaire, Nos mondaines, leurs
amants, Pardonnée?, La Ronde des amours*, etc.).
Son plus grand succès, *Georges et Marguerite*,
raconte les amours du général Boulanger. Dans sa
production, on trouve aussi plusieurs ouvrages historiques « pour la jeunesse » : Turenne, Bayard, Du
Guesclin, Jeanne d'Arc. Richelieu est donc le dernier d'une série. Mais l'histoire que pratiquait
Cahu, auteur mondain et cocardier spécimen de la
« gaieté française », n'avait jusqu'alors prétendu à
aucune espèce de légitimité savante. Hanotaux
apportait à son *Richelieu* les grandeurs de la République et la gravité académicienne. Sa préface mar-

quait, devant la jeunesse, la réconciliation de deux nationalismes. C'était un nouveau miracle de Richelieu.

Maurice Leloir était un peintre d'histoire estimé. Pour ce livre in-folio, il a accompli une œuvre d'une qualité qui frappe encore, saisissant comme par surprise le lecteur désabusé. Les décors sont particulièrement soignés et bien servis par le travail de l'imprimeur qui a conservé la chaleur et la vivacité des couleurs. Leloir a beaucoup utilisé les gravures anciennes comme source d'inspiration. Elles lui ont fourni à la fois le cadre général, « l'ambiance » et le détail précis. Comme l'écrit Hanotaux : « Après s'être entouré des renseignements les plus exacts, après s'être plongé dans l'admirable documentation graphique du début du xviiᵉ siècle, il a pu, par un effort de volonté et d'imagination devenir l'élève et l'émule des Callot et des Abraham Bosse. Ces grands artistes ont, si je puis dire, tenu son crayon. Avec eux, et par eux, il trace une nouvelle histoire de Richelieu qui, pour être dessinée et non écrite, n'en est ni moins exacte, ni moins pénétrante. » Mais le procédé de Leloir ne s'arrête pas là. Sur ce « fond » de xviiᵉ siècle, il a dessiné des scènes de la vie et de l'activité de Richelieu qui reprennent des thèmes de l'iconographie romantique, elle-même souvent inspirée du *Cinq-Mars* de Vigny ou de *Marion de Lorme*. Une recherche superficielle permet ainsi de reconnaître parmi les quarante gravures de Leloir des citations de tableaux comme *Richelieu chez la duchesse de Chevreuse* (salon de 1835), *Les loisirs du cardinal de Richelieu ou Richelieu et les chats* (salon de 1870), ou encore le *Richelieu remontant le Rhône* de Paul Delaroche ou *Le cardinal de Richelieu disant la messe dans la chapelle du Palais-Royal* de Delacroix. Il utilise aussi des illustrations tirées d'éditions populaires du théâtre de Hugo ou des *Trois Mousquetaires*, et probablement beaucoup d'autres. Il ne faut pas voir là un manque d'inspiration mais plutôt une volonté de réemploi d'images largement diffusées, d'images associées à une vision hostile ou négative de Richelieu, qu'il détourne *ad majorem cardinalis gloriam*.

La dernière gravure représente le tombeau de Richelieu à la Sorbonne. La reproduction est précise mais Leloir a ajouté à son modèle une France ailée et guerrière, debout et dominant la composition de Girardon. Le regard du gisant — Richelieu soutenu par la religion avec à ses pieds la science éplorée — qui se perdait au ciel dans la contemplation du Tout-Puissant, est, de ce fait, maintenant braqué vers cette figure de la nation brandissant une couronne de laurier.

On comprend l'enthousiasme d'Hanotaux : le travail de captation d'énergie et de syncrétisme iconographique de Maurice Leloir semble ramasser, comme en un instantané, sa propre démarche historique. Après Richelieu, il s'intéressera à Jeanne d'Arc (ce qui lui vaudra de représenter la France au Vatican pour les cérémonies de la canonisation) et dirigera une ample *Histoire de la nation française*. Mais aucun des autres sujets abordés ne lui offrira l'opportunité d'une comparable *actualisation* du passé. Richelieu, compagnon de jeunesse (« je suis né en 1585... » aimait-il à dire), esprit frappeur du Quai d'Orsay, patron des diplomates, a été associé à chacun de ses succès.

Mais quels rapports entretenait-il *au fond* avec ce fantôme familier? De le ramener à la vie jour après jour, en rabâchant sa gloire, sa grandeur, son génie, tirait-il autre chose que du succès, du pouvoir, de la réussite sociale, de la bonne conscience patriotique, de la fierté d'érudit? Qu'y avait-il d'autre entre eux? Quelle connivence secrète ou quelle répulsion fascinée? Il n'y aura pas de réponse à ces questions mais simplement l'indice qu'elles ont un sens. Cet indice se trouve dans une boîte de cigares et dans la cérémonie organisée par le ministre des Affaires étrangères le 25 juin 1895 dans la chapelle de la Sorbonne.

En 1947, trois ans après la mort de Gabriel Hanotaux, le recteur de l'Université de Paris reçut la visite de son exécuteur testamentaire. Il lui apportait une aquarelle et une boîte de cigares. La boîte avait contenu des havanes, dont on sentait encore le parfum, mais elle était devenue, à une date indéterminée, une modeste nécropole de Richelieu. En effet, se trouvaient là, logés par les soins de l'ancien ministre et historien, un masque mortuaire en plâtre et, moins banal, le petit doigt du cardinal.

Chose curieuse, ce petit doigt installé dans un bocal avait, on ne sait trop quand, disparu de la bibliothèque Mazarine où il était conservé. *Conservé* est un bien grand mot. Il semble en effet que tout le monde ou presque ait ignoré sa présence dans la bibliothèque, à commencer par le conservateur. Le doigt, enchâssé dans un cristal, avait été scellé dans le buste en bronze du cardinal (par Warin) qui trône dans la salle de lecture. Le fait est signalé par le *Dictionnaire biographique* de Michaud à la fin de son article *Richelieu*. Mais cette note a été supprimée dans le *Nouveau dictionnaire biographique*.

Toujours est-il que le patrimoine d'Hanotaux comprenait le petit doigt : deux phalanges de Richelieu s'achevant par « un ongle assez long ». La boîte de cigares recelait aussi « quelques poils liés ensemble », une mèche de cheveux probable-

32

ment coupée le 25 juin 1895 sur le crâne du cardinal exhumé de son tombeau de la Sorbonne.

Le tombeau avait été profané en 1793 et le crâne, seule partie du corps rescapée du happening révolutionnaire, n'y avait été replacé qu'en 1866, après bien des tribulations. En 1895, l'administrateur de la chapelle découvrit que la porte du mausolée était descellée. Il en informa Poincaré, alors ministre de l'Instruction publique, qui transmit la nouvelle à son collègue des Affaires étrangères. Sautant sur l'occasion, ce dernier réclama l'exhumation, afin d'écarter l'hypothèse d'une autre profanation qui aurait pu avoir lieu pendant la Commune de 1871. Le prétexte parut peut-être un peu spécieux, mais pourquoi refuser à un ministre historien un plaisir aussi innocent?

Le 25 juin, il présidait donc la cérémonie; en tout petit comité. La boîte de chêne qui contenait la boîte en bois de citronnier, dans laquelle était enfermé le coffret de plomb protégeant la relique, fut bien reconnue intacte mais Hanotaux n'entendait pas se satisfaire de si peu. On ouvrit donc le coffret de plomb et le ministre lui-même s'employa à démailloter de sa gangue d'ouate le crâne cardinalice. C'était bien le Richelieu de Champaigne. Une pauvre momie brunâtre dont on reconnaissait le nez, la moustache et la barbiche encore là. Hanotaux la tenait dans ses mains. Que cherchait son regard sur ce masque effrité? Que lui importait ce contact physique avec celui qui avait assuré son succès d'historien, jusqu'à le faire entrer à l'Académie? Poser ces questions, c'est en mesurer la vanité. Mais un des témoins de la scène, d'ailleurs malveillant (ce qui montre que le ministre n'avait pas, dans le choix de son entourage, l'intuition géniale qu'il accorde à son héros), insiste sur la jubilation d'Hanotaux à *tenir* une preuve.

Un récit de la mort de Richelieu signale qu'il fallut lui couper la moustache sur un côté pour l'alimenter les derniers jours. Il n'avait plus la force d'ouvrir la bouche et on le nourrissait de liquide, grâce à une sorte d'entonnoir dont la moustache empêchait la bonne adhésion à la lèvre et l'étanchéité. Sur le visage exhumé du tombeau de la Sorbonne, la moustache avait bien été taillée maladroitement, comme à la hâte. Preuve de la véracité du récit. Une belle preuve. Les historiens de la génération d'Hanotaux prétendaient avoir fait de l'érudition une science : critique textuelle, recoupement des sources. Mais que pèse l'érudition en face d'une tête? Si ce point du récit trouvait sa preuve dans la tête du mort, alors les autres détails racontés avaient des chances d'être vrais. Et le crédit de tous les autres récits, paperasses jetées au vent ou archives d'État, en apparaissait fortifié, gagé sur le capital solide de la mort.

Une description de 1866 de la tête du cardinal avait évoqué la même preuve, mais parlait de barbiche coupée et non de moustache. Imprécision, lapsus? Entre 1866 et 1895, l'angoisse de la preuve a monté chez les historiens. Un bout de moustache effectivement manquant sur un bout de momie sauve l'histoire positiviste. Et sauve Hanotaux. Il devait lui arriver de douter, d'avoir l'impression, peut-être fugitive mais si sombre, de s'être fait avoir par les archives, par sa propre histoire, par le mort rusé, malgré l'École des chartes, malgré le Quai d'Orsay et malgré l'Académie. Le bout de moustache en moins sauvait son autorité.

Mais que devenaient les méthodes positives de la science historique, ses certitudes et ses preuves, si elle avait besoin — en cachette — de pareils débris? Heureusement, Hanotaux veillait à ce que cette question ne soit pas posée publiquement; et surtout pas par lui. Comme il n'entendait pas partager le cardinal avec les historiens du futur, il décida de leur ôter la tentation d'un même *tête-à-tête*. Et faute de les préserver du tracassin du doute, il leur interdit au moins le rêve illusoire d'y échapper : il donna l'ordre que le crâne, remis en place dans ses boîtes, soit noyé dans un mètre cube de ciment. Le bloc de béton fut ensuite encastré dans le mausolée de Girardon.

25 juin 1895 : pour l'historien qui triomphait en

ministre, le dernier mot, et pour le crâne, la fin de l'histoire.

Richelieu meurt le 5 décembre 1642. Son corps est autopsié, vidé de ses entrailles, embaumé. Le 5 décembre 1793 sa sépulture est violée. Les sans-culottes coupent la tête du « cruel ministre ». L'un d'entre eux, que cette victoire symbolique sur le despotisme n'a pas réussi à satisfaire totalement, tranche le petit doigt pour s'emparer d'une bague. Il se débarrasse ensuite de ce petit bout de cardinal despote, qu'on retrouvera dans les actifs de la succession Hanotaux. Le corps décapité finit à la voirie ou dans la Seine. Reste la tête.

Quelques érudits prétendent qu'elle aurait été sauvée par un certain abbé Boschamp, ancien pré-montré, prêtre constitutionnel et fondateur de la bibliothèque de Saint-Brieuc. Passant devant la Sorbonne, il aurait vu des enfants jouer avec la tête de Richelieu. Il se serait mêlé à leur jeu et serait parti vers la rue de la Harpe en poussant à coups de pied la précieuse relique. Mais Antoine Rebillon, dans un article des *Annales de Bretagne* paru en 1962, fait remarquer que l'occiput avait été scié pour procéder à l'extraction du cerveau lors de l'embaumement et donc que ce crâne n'avait rien d'un ballon. On peut ajouter qu'un seul coup de pied énergique l'aurait sans doute fait voler en éclats. Une autre version plus plausible prétend qu'un bonnetier nommé Cheval, un des meneurs du commando sans-culotte, aurait volé la tête et l'aurait conservée pendant plusieurs années dans son arrière-boutique. Après le 9 thermidor, soudainement encombré de ce trophée, le citoyen Cheval l'aurait offert à l'un de ses bons clients, homme discret et curieux averti, l'abbé Armez, ancien chanoine de Vannes (c'est donc décidément une histoire de Bretons). Ce dernier, adhérent de la première heure à la constitution civile du clergé, fut ensuite commissaire du gouvernement dans les Côtes-du-Nord (sous le Directoire) et finalement président du conseil général de son département et député à la Chambre des Cent Jours.

On aimerait connaître les pensées de Cheval quand il ouvrait la boîte cachée dans son arrière-boutique de bonnetier parisien. Celles de l'abbé se laissent plus facilement imaginer. Avec lui, la relique devient curiosité. Il la lègue comme telle à son neveu. La famille Armez éprouve de la fierté à la posséder et n'en fait pas mystère. En 1812, un pharmacien est appelé à traiter ce bien de famille, car des insectes ont commencé à le dévorer (de ce fait, la tête change d'ailleurs de couleur, résistant mal à l'agression chimique). Les héritiers successifs

— tous notables bretons plutôt opulents — refusent à plusieurs reprises de s'en défaire. Ils cèdent enfin en 1866 à une demande expresse de Napoléon III. Le crâne repart alors pour Paris, transporté par le préfet des Côtes-du-Nord, non pas, ajoute Rebillon, « comme on l'a dit, dans une caisse portant encore l'étiquette *pâté de Strasbourg*, mais dans un coffret doublé de satin blanc que les Armez avaient fait spécialement confectionner pour lui ».

Le ministre Victor Duruy héberge quelques semaines ce coffret dans son bureau, avant de présider la cérémonie du retour au tombeau de la Sorbonne, le 15 décembre. *In extremis*, le 13, il répond favorablement à la demande d'un colonel Duhousset, se qualifiant d'anthropologue et désirant se livrer à quelques observations importantes pour des recherches commencées au Muséum d'histoire naturelle. Le ministre accueillant l'autorise même à travailler dans son propre bureau. Là, le colonel se lance dans une séance complexe de mesures. Hauteur totale, du menton à l'insertion des cheveux : 195 mm ; le front : 65 mm ; le nez 60 mm de long ; ouverture de la bouche 47 mm. Il retient comme cela treize cotes qui dessinent un portrait robot et permettent de conclure que Richelieu n'avait pas une grosse tête et que Champaigne avait bien pris ses mesures. Mais le projet de l'anthropologue ne s'arrêtait pas là. Ce qui comptait le plus à ses yeux, c'était la distance des angles de la mâchoire inférieure (98 mm).

En 1866, la craniologie était une science respectée. Elle ne prétendait à rien moins qu'à établir les frontières de l'animalité et de l'humanité, voire à fonder « scientifiquement » une hiérarchie des races humaines. Depuis la fin du XVIIIe siècle, on avait beaucoup disserté sur la mesure de l'angle facial (formé par la rencontre de deux lignes : l'une horizontale passant par le trou auditif et le bas du nez, l'autre glissant le long du front et de la mâchoire supérieure). Duhousset s'intéresse à un autre paramètre : le tracé de l'angle sous-mandibulaire. Il avait entrepris une vaste étude comparative de l'ouverture de cet angle, pensant que « cet écartement descendait progressivement, en se rétrécissant, de l'Européen jusqu'aux simiens, en passant par les hommes les plus primitifs ». Il se rangeait dans le camp de ceux qui admettaient une dissemblance radicale entre les « races inférieures humaines » et les singes. Mais c'était pour postuler aussitôt toute une échelle de différences, en forme de hiérarchie, entre les groupes humains. Et c'est là qu'intervient Richelieu.

Avec lui, l'anthropologue avait mis la main sur un spécimen de tête géniale, « une tête dont les capacités hors ligne, l'instruction et la finesse firent, de son vivant, un des plus grands hommes poli-

39

tiques de la France », une tête pourvue d'une
mâchoire inférieure de type européen, avec une
belle ouverture. Et ce spécimen permettait à
Duhousset d'avancer deux hypothèses. A ses yeux,
l'ouverture de l'angle sous-mandibulaire trahit le
degré de mobilité de la langue et renvoie donc aux
performances langagières du sujet ou du groupe.
Ainsi « les sauvages miment beaucoup plus ce
qu'ils veulent faire comprendre qu'ils ne l'expriment par un vocable convenu », alors que Richelieu, comme chacun sait, fut un grand orateur.
Faute de séries statistiques qui démontreraient que
le degré d'ouverture de l'angle sous-mandibulaire
est une donnée « raciale », voici prouvée, par l'histoire, la pertinence des mesures qui obsèdent le
colonel à la retraite.

Le charlatanisme de la « démonstration », la
confusion du raisonnement (le volume de la langue
est-il donc invariable?) n'ont pas empêché l'article
du colonel anthropologue de paraître dans la sérieuse
Revue scientifique dirigée par Charles Richet. Cela
tient peut-être à la seconde hypothèse qui mobilise à
plein la troublante originalité de l'*objet* étudié et
agite une angoisse familière : les morts nous ressem-
blaient-ils tout à fait? Sommes-nous les mêmes que
nos pères disparus? Sommes-nous des mutants?
Duhousset, dans ses divagations de craniologue,
posait ces questions à la tête rescapée du

temps – qui d'ordinaire abolit les corps – et déposée par la mort et quelques tempêtes historiques sur le bureau du ministre de l'Instruction publique. Le problème qu'il a cru viser, c'est celui de l'évolution (les hommes « primitifs » en sont-ils à une étape antérieure du cheminement de l'humanité vers la perfection?). S'il y a évolution, pensait-il, alors on doit en trouver une trace, même infime, en comparant un crâne européen du XIXᵉ siècle avec un crâne du XVIIᵉ siècle. Que celui-ci ait appartenu à un génie politique rendra la démonstration imparable. Si nous évoluons, alors notre crâne doit être plus parfait que celui d'un homme qui, en son temps, fut universellement reconnu comme supérieur.

La réponse est négative : pas d'évolution. La tête de Richelieu apparaissait, finalement, en tous points semblable à celle du colonel Duhousset. Elle méritait même la note la plus élevée dans l'échelle comparative, parmi les autres spécimens européens observés, « comme finesse et noblesse de construction ». Le cardinal aurait pu revivre tel quel, comme Français du XIXᵉ siècle et gouverner le pays. Les conséquences historiques, et même politiques, de ce constat d'identité pouvaient être tirées par d'autres; grâce à Richelieu, l'anthropologue militaire proposait une hiérarchie immuable des races humaines, depuis toujours et pour toujours inégales, et justifiait ainsi la version la plus dure de l'exploitation coloniale, celle qui ne croyait pas aux vertus de l'éducation.

Duhousset sortit du bureau de Victor Duruy « très satisfait » et rasséréné. Le crâne de Richelieu avait tenu ses promesses, même s'il n'avait fourni qu'une preuve négative. L'anthropologue n'avait pas réalisé que l'affirmation préalable du génie de Richelieu, qui avait servi de point de départ à son « expérience », lui était venue comme une évidence. Ce savoir si limpide sortait d'une tradition et aussi, en réalité, de toute une suite d'écrits historiques spontanément crédités du poids et de la force de la vérité. A l'inverse, Hanotaux avait d'abord trouvé dans le visage momifié du cardinal la preuve de l'exactitude des textes qu'il avait utilisés comme historien. Lui aussi en avait été rasséréné : rien ne s'opposerait à son choix de ministre obéi, celui de travailler sur le bureau qu'on prétendait — sans beaucoup de preuves d'ailleurs — avoir appartenu à Richelieu et qu'il avait fait déplacer du Louvre au Quai d'Orsay. Réconfort, exaltation, continuité, inspiration. Au nom de la France, bien sûr.

L'anthropologue et l'historien, parlant tous deux de tête ou de crâne, montraient cependant que l'excitation du contact physique avec le visage mort du pouvoir les égarait, leur faisant prendre la partie pour le tout, un masque pour une tête. Car l'occi-

42

put manquait. Et son absence supprimait la place vide du cerveau. Certes, la moustache coupée accréditait les récits de la mort du cardinal. Elle prouvait surtout la bonne foi de témoins passifs, occupés à réciter les prières des agonisants auprès du ministre mourant. Mais elle ne disait rien des secrets de cette tête vivante, des secrets de sa domination si absolue sur la politique de son temps. En revanche, d'autres textes qui parlent aussi de la tête de Richelieu, et *en même temps* de son pouvoir, n'évoquent même pas le visage sauvé. Il est vrai qu'ils racontent précisément la disparition de l'occiput, l'extraction du cerveau. Ils décrivent la perte des objets dont la conservation aurait, seule, pu offrir la clef de l'énigme et lever le voile du théâtre intime de la puissance. Ces textes, ce sont les rapports d'autopsie, leurs copies et leurs gloses.

En explorant son cadavre, les chirurgiens s'attendaient à trouver des signes matériels de la supériorité de leur patient. Ils ne furent pas déçus. Les premiers historiens du cardinal se saisirent bien vite de leurs constatations pour éclairer la nouveauté d'une domination si éclatante, qu'il était rassurant de pouvoir expliquer par les ressorts cachés d'un corps épuisé. Rassurant d'abord parce que la nouveauté menace toujours de déstabiliser les récits des historiens. Ensuite, parce que la rapporter à des particularités anatomiques permettait de lui trouver des causes finalement naturelles et donc rationnelles, et de ne conférer qu'un rôle indirect à la Providence, tenue à distance des combats politiques depuis la fin des guerres de religion.

Les chirurgiens trouvèrent que le crâne de Richelieu n'avait pas de sutures visibles. Il était d'un seul bloc < délié, blanc, diaphane, transparent avec plusieurs sinuosités >. Sa consistance était partout la même, alors que < la nature a formé en l'homme l'occiput qui est le derrière de la tête beaucoup plus dur et plus solide que le sinciput ou devant de la tête, parce qu'en cette partie les yeux peuvent prévoir les coups et en les prévoyant les éviter, l'autre au contraire étant dépourvue de cet avantage devait être renforcée contre les coups qu'elle ne peut voir venir. > En outre, la boîte crânienne présentait, au niveau de l'avancée de < l'os pétreux >, un nombre anormal de conduits pour le passage des nerfs. Le crâne, selon la définition du *Dictionnaire* de Furetière, était alors considéré comme < la cheminée de tout le corps pour en faire exhaler les vapeurs >. Celui de Richelieu bénéficiait ainsi d'un tirage exceptionnel.

Le cerveau parlait davantage encore. Il livrait au regard des observateurs toute une série d'anomalies (et même à leur odorat : il dégageait un parfum agréable). Les ventricules apparaissaient dédoublés, supposant un développement extraordinaire des facultés intellectuelles. Les membranes entourant la substance cérébrale étaient anormalement épaisses et résistantes. Le système de circulation des humeurs présentait une densité et une complexité étonnantes, avec un nombre surprenant de vaisseaux et des émonctoires – petites glandes supposées servir à la décharge des humeurs – « en plus grand nombre qu'à l'ordinaire des autres hommes. » Ce dernier aspect prenait d'autant plus d'importance que les médecins pensaient au XVIIe siècle que le cerveau était animé d'un mouvement autonome de systole et diastole qui « restreint ou dilate ses capacités pour pousser l'esprit animal dans les organes des sens. » De la facilité de circulation des humeurs dépendait donc la production des esprits vitaux et leur qualité. Ces esprits vitaux formés de sang et de vapeurs étaient à la source des sensations et des différentes facultés de l'âme. Le dédoublement en hauteur des ventricules favorisait la production d'une très grande quantité d'esprits vitaux mais, en outre, cette structure, en quelque sorte à double étage, garantissait leur excellence : « Ils s'épuroient et se dégageoient tellement de la matière, en se communiquant et montant de l'étage inférieur au supérieur, qu'ils étoient comme quintessenciés et multipliés en vigueur et action. »

Tout cela « passa dans l'opinion des plus habiles anatomistes pour un prodige de nature et pour une

cause nécessaire de cette force de jugement extraordinaire que l'on avait admirée en sa conduite ».
Cette notion de *cause nécessaire* paraît clarifier les
relations entre la particularité anatomique et le
rayonnement politique. C'est parce que le cardinal
possédait un cerveau « prodige de la nature » qu'il
était le plus fort. Pourtant, la description qui permet d'aboutir au constat du surdéveloppement
cérébral apparaît elle-même tributaire de présuppo-
sés nourris par une certaine vision de la domination
politique. Le pouvoir est déjà là quand on en
recherche la source, quand on découvre ce qui était
là avant, et qui l'expliquerait.

S'il y a trois trous de chaque côté de l'os
pétreux, il faut y voir une triple origine et triple
insersion du nerf auditif, « ce qui faisait que le cardinal avait l'ouïe excellente, tant pour ouïr clairement que de loin ». Le ventricule le plus specta-
culairement développé est celui du milieu « dans
lequel se forment et se perfectionnent les esprits les
plus purs de la puissance discursive servant aux
opérations de l'entendement. » Enfin, l'absence de
sutures sur la boîte crânienne montre que l'occiput
du cardinal se passait de la surprotection osseuse
offerte par la nature aux hommes ordinaires pour
compenser l'absence d'yeux derrière la tête, comme
si – précisément – il avait, lui, des yeux derrière la
tête. Acuité de la perception des dangers, finesse de

l'ouïe, suprématie de la puissance discursive sur les autres facultés et, par là, vivacité et rapidité des opérations intellectuelles : voir, entendre, parler, plus vite, plus finement, mieux. Difficile de considérer que ces fonctions ne sont pas préorientées. L'hypertrophie du cerveau qui explique *après coup* la domination est elle-même le résultat d'anomalies juxtaposées qui expriment la puissance (et la présence efficace) d'autant de vertus politiciennes.

Les chirurgiens délivrent donc un savoir implicite sur le pouvoir, comme le colonel Duhousset reproduisait sans y songer un savoir historique. Le pouvoir de Richelieu est ainsi spontanément défini comme énergie, intelligence et ruse, capacité de se défendre et de réagir à la vitesse de l'éclair. C'est une vision de la puissance qui renvoie à la solitude de celui qui agit et à sa liberté, au moins partielle, à l'égard d'un *système*.

Dans un *Richelieu* paru en 1936 (et réédité en 1960 avec une préface de Pierre Gaxotte), le comte de Saint-Aulaire, ancien ambassadeur de France, a été le dernier, à ma connaissance, à évoquer l'hypertrophie cérébrale du ministre de Louis XIII : « En communiquant à ses pensées la gravité de la souffrance, sa vitalité débordante refluera vers le cerveau qui atteindra des proportions anormales. » La remarque semble extravagante. Peut-être la pieuse rumeur qui attribuait aussi un cerveau monstrueusement développé à Lénine a-t-elle contribué à réactiver le mythe ancien? En tout cas, Saint-Aulaire, qui n'a peur de rien, met le prodige au goût du jour : « Dans leur jargon, les freudiens noteraient chez lui un phénomène de refoulement et d'approfondissement, son âme se dilatant pour accueillir les énergies vacantes de son corps, en vertu d'un de ces "transferts" qui compensent l'excédent d'une faculté avec le déficit d'une autre. »

Des années quarante du XVIIᵉ siècle aux années trente du XXᵉ, le vocabulaire a peu changé et des énergies étranges continuent de circuler. Mais cette circulation des fluides ne parvient pas à percer le mystère qu'elle est censée exprimer. Joseph Caillaux, la même année 1936, au sortir d'une conférence sur la politique de Richelieu qu'il vient de donner, pointe plus rudement l'évidence, dont il n'avait pourtant rien eu à dire au public averti des « Ambassadeurs » : prenant le bras de son collaborateur, « après avoir longuement respiré l'air du dehors », il lui souffle « en ce temps-là, mon cher, on gardait le pouvoir ».

II

HABEAS CORPUS

Champaigne a peint Richelieu une quinzaine de
fois en dix ans. Le portrait en pied conservé au
Louvre est sans doute le plus célèbre. Il fait partie de
ces toiles qu'on ne regarde plus, à force de trop les
connaître. Notre image de Richelieu vient d'abord de
ce portrait si souvent reproduit : la petite tête trian-
gulaire posée sur le drapé majestueux et compliqué
de la *cappa magna* rouge. Le corps disparaît sous les
plis. Les épaules sont effacées, on ne voit que les
deux mains et aussi un minuscule bout de pied rouge
découvert, comme par inadvertance, par la soutane
trop longue. Ce pied sert grandement, par son écart
vers la gauche, à manifester le mouvement qui anime
le corps pourtant si figé. Un mouvement suspendu
comme pourrait l'être celui d'une statue. La perfection du drapé est telle, en effet, qu'elle en paraît arti-
ficielle, comme sculptée dans une pierre dure qu'on
aurait peinte ensuite. Et cela renforce l'impression de
fragilité des extrémités, de la tête et surtout des

49

mains. S'il n'y avait pas le petit bout de pied qui dépasse de la soutane, on en viendrait à penser que tête et mains sont posées ou plantées sur du vide, que l'effigie est creuse et que le cardinal n'a pas de corps. Peut-être la même impression traverse-t-elle l'esprit d'Hanotaux quand il s'écrie « qu'y a-t-il sous cette robe? », ou le baron de Courcel, involontairement comique dans sa préface au premier tome des *Mémoires* : « Sa sombre pourpre nous attire et nous éloigne. Nous n'en distinguons pas les dessous, qui recèlent tant de secrets, dont quelques-uns terribles. A-t-il soulevé lui-même, pour la postérité, un pan de sa robe couleur de feu et de sang? »

Le cardinal et son peintre se sont mis d'accord pour enfreindre la convention iconographique qui voulait qu'on représente les ecclésiastiques assis et seulement les souverains ou les très grands seigneurs debout. De cet anticonformisme, on mesure mal l'enjeu et les effets sur les contemporains. Pour nous, il reste le mélange d'immobilité majestueuse et de mouvement suspendu. Il y a le regard tourné vers le spectateur avec, plus bas, la même orientation pour la croix de l'ordre du Saint-Esprit. Mais les mains sont déjà – ou encore – ailleurs, hors du cadre, et le pied gauche désaxé est en retard – ou en avance – sur leur action. Le cardinal bouge : il pivote sur lui-même, vers le spectateur ou, au contraire, dans la direction de l'ouverture noire dessinée par la tenture qui s'écarte à l'arrière-plan. Dans le premier cas, le regard précède le mouvement du corps, dans le second, il s'attarde sur qui le regarde. Le contraste apparaît donc net entre l'immobile solennité de la masse rouge et la vivacité du corps caché, et comme absent, entre la majesté hiératique de la fonction et la promptitude de l'action. A moins qu'il ne s'agisse, par avance, de dépasser l'opposition, construite par Pascal dans sa *Pensée* sur l'imagination, entre « l'appareil auguste » des hermines, des soutanes, des palais et la force qui n'a pas besoin « d'habit ».

Soyons sûr, en tout cas, que cet agencement ne doit rien au hasard, en un temps où les images parlent encore, où chacun des éléments qui les composent est susceptible de se trouver interprété comme un signe, un moyen d'atteindre un sens supérieur ou caché. Faut-il alors partir à la recherche d'un sens allégorique qui exprimerait la *position* de Richelieu dans l'État? Sans doute pas. L'allégorie distingue nettement deux niveaux de signification, inséparables et pourtant autonomes. Nous ne repérons ici aucun indice, conventionnel ou non, de double sens, au contraire le trouble naît de la *simultanéité* de l'immobilité et du mouvement.

Rien ne permet donc vraiment de sortir de la peinture. Aucun élément ne se prête à la construction d'une analogie qui offrirait une issue, un passage entre la représentation et l'action. Nous savons qu'il

51

y a quelque chose à savoir, que rien n'est gratuit dans
ce tableau, et nous ne savons rien. Aller plus avant,
c'est risquer l'anachronisme dans la description,
l'inadmissible projection sur le visage du cardinal de
catégories psychologiques sans pertinence. On pourrait, bien sûr, opposer l'ombre à la lumière, le rouge
de la barrette à la pénombre derrière la tenture, spé-
culer sur ce qui se cache derrière et que Richelieu
s'apprête à dévoiler, à moins qu'il ne se fonde dans
ce mystère qui l'absorberait, après un dernier coup
d'œil perçant jeté à ceux qui vont le voir disparaître.

Rien de solide donc dans de telles spéculations. Il
ne reste que la certitude de leurs limites, le constat de
l'ignorance. Pourquoi alors ne pas partir de là?
L'impossibilité de savoir fournit peut-être cette sortie
du tableau qu'aucun détail de l'effigie peinte n'auto-
risait. Il y a, en effet, beaucoup de plages obscures
dans la vie de Richelieu. Et, fil d'Ariane que je veux
saisir maintenant, elles ne correspondent pas forcément à des moments de son histoire restés dans
l'ombre, mais plutôt à des temps forts, dont le récit a
été donné depuis longtemps et continue de circuler
en toute innocence. De son entrée en politique à sa
mort, il ne serait pas impossible de dresser ainsi une
liste d'événements bien connus, dévorés par cette

nappe d'ignorance qui finit par les recouvrir. La « Journée des dupes » figurerait au premier rang de cette liste.

Cet épisode a droit à un volume dans la collection les *Trente journées qui ont fait la France*, ce qui illustre sa célébrité et l'importance politique qu'on lui accorde généralement. Il ne fait pas de doute qu'il s'agit d'une crise politique majeure. Deux partis s'affrontent, avec de profondes ramifications dans le monde des notables.

Novembre 1630. La crise éclate quand la reine mère Marie de Médicis décide de renvoyer Richelieu, qui était surintendant de sa Maison et son grand aumônier, et pousse ensuite son fils à se débarrasser de ce ministre, dont elle a fait la carrière, mais qu'elle considère désormais comme son ennemi. Les dupes sont ses partisans persuadés de son succès et se réjouissant trop vite : la victoire contre Richelieu se transforme en déroute pour la reine et pour son parti. Georges Pagès, dans un article de la *Revue historique* paru en 1937, a sorti cette affaire du psychologisme dans lequel la faisait végéter l'historiographie. Il prend du recul, insiste sur les enjeux de politique intérieure et étrangère, sur les effets de la crise. Mais il n'a rien de nouveau à dire sur ce qui s'est réellement passé dans le cercle étroit du pouvoir, là où le débat se tranche. Récemment, Pierre Chevallier a établi, solidement semble-t-il, la chronologie des événements des 10 et 11 novembre 1630, démontrant au passage la confusion et les erreurs des mémorialistes. Le dimanche 10, se tient un conseil étroit au cours duquel Louis de Marillac, ennemi de Richelieu, est nommé, avec l'assentiment de ce dernier, général en chef des armées d'Italie. Aussitôt après le conseil, Marie de Médicis démet le cardinal des charges qu'il occupe dans sa Maison. Le lendemain matin, le roi rend visite à sa mère. Richelieu fait irruption dans la pièce où se tient l'entrevue (on ne sait trop comment ni pourquoi). Le roi quitte Paris. Son ministre le rejoint quelques heures plus tard à Versailles. Grandes réjouissances au Luxembourg autour de la reine mère qu'on congratule. Mais, dans la soirée, Louis XIII et Richelieu travaillent ensemble. Ils organisent la liquidation du parti adverse.

Richelieu triomphe. A-t-il été réellement menacé? Que s'est-il passé du point de vue d'une histoire du pouvoir? Comment une puissance a-t-elle gagné contre une autre? Qui a trompé qui? Seul constat possible : lors de la « Journée des dupes » une crise politique se dénoue par un affrontement domestique à l'intérieur de la famille royale. Un « parti » politique (une faction) n'a pas alors de véritable existence s'il n'investit les configurations domestiques de la famille royale, comme cœur du système politique. Mais alors, qui est acteur? Les membres de la famille royale? Ou bien sont-ils mis en action par des forces qui les dépassent et qui pourtant *finalement* ne peuvent se départager que *sur ce terrain-là*?

Ces incertitudes font qu'en réalité on ne sait toujours pas ce qui s'est passé les 10 et 11 novembre 1630. Trois interprétations restent possibles. 1) Il y a eu une quasi-victoire de l'opposition contre la politique de Richelieu. Le hasard, sa présence d'esprit et la versatilité de ses adversaires ont seuls permis au cardinal de retourner la situation. 2) Ce jour-là fut le moment du choix. Dans une tension croissante, le roi a longuement pesé le pour et le contre. Après bien des atermoiements, il a tranché. 3) La « Journée des dupes » mérite plus encore qu'on ne le dit cette appellation : le monarque et son ministre, d'accord depuis le début, ont réussi à se débarrasser d'une opposition dangereuse poussée à la faute, les choix fondamentaux étant faits depuis longtemps.

Chacune de ces trois solutions met en avant un acteur différent. Dans le premier cas, Marie de Médicis et ses proches. Dans le second, le roi et, à l'arrière-plan, Richelieu. Dans le troisième, le ministre machiavélique. Bien sûr, on a tendance à faire crédit au vainqueur. Cependant, la question de son degré d'initiative, de la puissance de son énergie et de sa liberté d'action reste fondamentale pour comprendre, non seulement qui il était, mais aussi à quoi il servait, ce qu'était son pouvoir et ce qu'il en était du pouvoir. Bien des mémorialistes ont raconté cet épi-

sode, évoqué au long, également, par les ambassadeurs dans leurs dépêches diplomatiques. Mais nul
témoin, si l'on écarte les assertions très discutables de
Saint-Simon, n'a assisté aux moments décisifs de
l'action. La reine mère vaincue, bientôt exilée, et ses
proches semblent à l'origine des récits diffusés par les
mémorialistes. Quant aux diplomates, ils ont puisé
aux mêmes sources : autant ils paraissent fiables
quand ils décrivent ce qu'ils ont observé d'un œil
entraîné, autant ils sont eux-mêmes susceptibles de se
trouver pris au piège des rumeurs, des ragots, des
faux secrets trahis. D'un récit à l'autre, les diver-
gences, et même les contradictions, sont nombreuses,
bien qu'un même bruit les agite. De ce bruit toujours
là, on peut conclure qu'un squelette narratif commun
s'est peu à peu imposé. Il se prête à de multiples
habillages, aux couleurs du temps. Il omet simplement de dire où était la force, pourquoi on a gagné et
pourquoi on a perdu. Ce faisant, il dit moins que
rien ; il produit de l'ignorance active, un rideau de
fumée.

Dans les années qui suivent, Richelieu patronne,
surveille et contrôle la préparation d'une histoire du
règne de Louis XIII. Son auteur, Scipion Dupleix, est
aux ordres. Il a évidemment à traiter de la crise de
1630. Il divise son récit en deux séquences présentées
sous la forme de deux chapitres. Le moment central
(les deux journées du 10 et du 11 novembre) devrait,

dans la logique du récit, se situer juste à la jointure des deux chapitres, mais il n'apparaît pas : Dupleix passe directement de la genèse de la crise à ses effets et conséquences. Silence sur le coup de force qui reste ainsi derrière le rideau, dans le noir, comme sur le tableau de Champaigne, où la tenture à demi soulevée souligne l'épaisseur de la pénombre.

Contemplons donc le noir où ont disparu les adversaires du cardinal chassés de la scène, ce noir qui fait aussi partie du mystère où le vainqueur a puisé la force qui l'a fait triompher. Regardons ensuite le rouge du drapé majestueux devant le rideau. Et concluons que la version donnée dans ses *Mémoires* par le naïf – et probablement le pseudo – de Pontis (« qui a servi dans les armées cinquante-six ans, sous les rois Henri IV, Louis XIII, Louis XIV ») a des contours aussi nets que ceux de la main, de la barrette, du visage et de la *cappa magna* devant le rideau de la dissimulation : « Alors qu'on regardait le cardinal de Richelieu comme un homme entièrement abattu sous le parti de ceux qui le haïssaient, et hors d'espérance de se pouvoir jamais relever, il trompa en un instant tous ses ennemis, et par un coup de la plus grande politique qu'on vît jamais, il mit sous ses pieds ceux qui triomphaient de lui. » Du « coup de la plus grande politique qu'on vît jamais », nous ne sommes plus qu'à moitié dupes, mais nous n'avons rien à dire d'autre.

Dans cette vision, Richelieu offre le spectacle d'un pouvoir *centré*. Il permettrait ainsi de suspendre la quête éprouvante et toujours déçue du vrai lieu (est-ce *vraiment* là? où cela se tient-il? d'où la violence légitime s'exerce-t-elle? n'y a-t-il pas un autre lieu *derrière*, tenu dans un imperçable secret?). Ce serait donc lui le vrai lieu du pouvoir et Champaigne l'aurait peint. Un lieu avec deux faces, l'une publique — ostentatoirement publique —, l'autre secrète. La mise en évidence de cette centralité ne signifie évidemment pas que l'on retombe dans les délires romantiques de l'homme rouge terrorisant le roi. Bien sûr, il y a le souverain. Il tient son rôle, il est actif (même s'il n'est probablement pas la lumière qu'on a essayé de nous présenter en réaction contre l'image romantique). Mais Richelieu, en partie d'ailleurs pour renforcer la suprématie intouchable du souverain bourbon, assumerait la violence réelle, le péché du pouvoir, les risques de la politique quotidienne. Sa centralité dans la gestion du pouvoir d'État n'est d'ailleurs pas contestable, comme le démontrent amplement ses archives.

Bien sûr, on pourrait considérer que la possibilité d'atteindre au centre ou, si l'on préfère, au sanctuaire, est trop facilement donnée. Ce qui sentirait le piège.

Cependant ce centre est doté d'un point de fuite vers l'infini qui lui permet peut-être de se montrer sans trop de risque. Richelieu est un homme de Dieu, un professionnel de Dieu. On a souvent remarqué qu'il n'avait renoncé à aucune des prérogatives du prélat, et à très peu des obligations du prêtre. Il s'est certes fait dispenser par le pape de la lecture quotidienne du bréviaire et de certains jeûnes. Mais, précisément, ces dispenses sont en bonne et due forme. Sa Maison a été strictement organisée sur le modèle de celles des cardinaux de la curie romaine. Divise-t-il sa nuit en deux séquences de sommeil séparées par une séance de travail à cause de ses insomnies, ou pour suivre, même imparfaitement, la règle de vie des moines (il est d'ailleurs abbé de Cluny et de Cîteaux)? Il dit la messe devant le roi, il prêche, et il lui est même arrivé d'entendre ses ennemis en confession. Un 15 août, sans doute en 1626, il prononce un sermon devant la famille royale. Il parle, l'hostie consacrée en main. Il adresse ses dernières phrases au roi et il l'interpelle : « Vous même qui êtes grand en Lui et par Lui seul, êtes moins que rien considéré sans Lui et hors de Sa protection et de Sa Grâce... sans plus différer, recevez-Le de cœur et de bouche avec révérence, afin que dès cette heure, Il vous fasse heureusement régner sur votre peuple, et qu'un jour Il vous reçoive en son Saint Paradis, et vous y donne un autre règne d'éternelle durée. Recevez-Le, Sire, en proférant d'abord, avec humilité et vérité tout ensemble, *Domine non sum dignus.* » *Seigneur, je ne suis pas digne...* : dans la bouche du roi, rien d'autre que la formule rituelle, mais prononcée devant son ministre qui brandit, après l'avoir consacrée, l'aune à laquelle se mesure l'indignité royale.

Le cardinal et principal ministre agit à un moment où la ruine de l'idée de chrétienté, devenue évidente depuis les sanglantes divisions des guerres religieuses, a provoqué le surgissement de nouvelles formes de rationalité politique. Dans la référence à une cité de Dieu comme modèle, et garant ultime de toute action politique légitime, des pratiques se trouvaient rapportées à une vérité située hors de l'histoire. Désormais, il faut trouver une raison des pratiques qui puisse remplacer la garantie mise entre parenthèses.

En ce temps de « perte de l'objet absolu » (pour reprendre une formule de Michel de Certeau), Richelieu comme homme d'Église, son entourage religieux avec, au premier rang, le célèbre Père Joseph, « l'éminence grise », capucin et mystique, assurent que le lien n'est pas rompu. Le Père Joseph, compagnon de combat, d'action et de vie, assume la charge de perpétuelles missions délicates et troubles. Il est aussi le fondateur d'un ordre religieux, les Calvairiennes. Quelles que soient ses occupations politiques, il consacre de longues heures à la direction

effective de *ses* Calvairiennes. Il est le directeur et
« l'instituteur » d'un lieu de « séduction de Dieu »,
où surviennent des miracles, des visions, un lieu où
continue à se manifester le garant perdu, le répondant ultime de l'action politique.

Mais le fil est ténu. Pour le système tout entier, il
est vital que le scrupule de conscience n'obsède pas
les agents et les exécutants des politiques de l'État.
Pour les en libérer, le cardinal et son entourage
portent le poids du péché de la violence d'État. Ils en
soulagent aussi le roi. Ils ne peuvent cependant
l'assumer qu'en confisquant la source vive de la
garantie théologique. C'est à partir de là qu'il faut
regarder la violence de la lutte contre ceux qui
menacent ce fragile équilibre (par exemple les premiers jansénistes) et aussi la gestion d'une affaire
comme celle des possédées de Loudun, la protection
ensuite accordée à sa vedette, la sœur ursuline Jeanne
des Anges, à qui le cardinal paiera un tour de France
pour qu'elle exhibe, dans les villes traversées, sa
main stigmatisée et sa chemise touchée par l'onction
de saint Joseph (il inspecta lui-même la main et un
morceau de cette chemise qu'il déclara « sentir parfaitement bon »).

Les corps du cardinal et du Père Joseph sont les
témoins malmenés du combat livré et du sacrifice.
Cela donnera plus tard matière à raillerie et à vengeance pour Guez de Balzac qui se gaussera des

ministres qui ont « trop de ce qui élève et qui remue », qui dictent des dépêches en dînant et dorment les yeux ouverts : « Je vous ferai dire par un de ses domestiques qui vit encore, et qui couchait d'ordinaire dans sa chambre (écrit-il dans un portrait transparent du Père Joseph), que, de ses yeux ouverts, il sortait des rayons si affreux que souvent il en eut peur et il ne s'y accoutuma jamais bien. » Ami de Balzac et pourtant dans l'autre camp, le poète Antoine Godeau présente une version symétrique du même phénomène, dans une ode des *Nouvelles muses* offertes en 1633 à Richelieu. Il s'adresse au roi :

> *Le Ciel fait ce qu'il te conseille*
> *Jamais son esprit ne sommeille*
> *Dans l'assistance qu'il te rend,*
> *Et par un amour sans exemple*
> *Il veut au milieu de ton temple*
> *Se consumer en t'éclairant.*

Il veille pendant le repos des autres. La longue combustion intérieure offerte en sacrifice au roi, et donc à l'État (et réciproquement), se manifeste à travers les succès obtenus et s'exprime dans le langage du corps. La santé déficiente du cardinal, son corps épuisé, sont les emblèmes de l'énergie consumante au travail. Sa mauvaise santé, si publique quand il traverse la France dans une litière portée à dos d'hommes, et devant laquelle il faut parfois élargir les entrées des villes fortifiées ou briser la façade des maisons qui l'hébergent, n'est pas interprétée comme une faiblesse du pouvoir, ni une menace virtuelle sur sa stabilité. Bien sûr, ses ennemis attendent sa mort et en guettent les signes annonciateurs. Mais ceux-ci ont longtemps été démentis par la survie d'une énergie qui paraissait s'entretenir de son épuisement. Espoirs trahis, craintes détrompées contribuent d'ailleurs, mois après mois, à donner plus d'éclat et d'étrangeté au spectacle du sacrifice.

Comme tout langage, celui du corps délabré s'offre au déchiffrement, et cela comporte des risques. Richelieu évoque fort souvent ses « incommodités », les douleurs, la souffrance. Il ne s'arrête guère sur les détails. Le corps souffrant reste effacé, comme sur le tableau de Champaigne. Tout est question d'énergie, d'épreuves, de signes, de malheur, d'épuisement : ce qui consume. En revanche, ses ennemis s'emploient à retourner les signes et, pour cela, dévoilent le corps souffrant afin d'égrener le chapelet dégoûtant des misères physiques. Au langage symbolique proposé par le cardinal et ses proches, ils substituent un vocabulaire précis et cru, une géographie corporelle de la faiblesse humaine qui est peut-être, déjà, une punition divine, l'annonce des châtiments du purgatoire. Le pamphlétaire Mathieu de Morgues qui, sur ce plan-là, n'est pas le plus brutal, tire ainsi un enseignement général de l'inventaire des infirmités du cardinal : « Comment pourriez-vous écouter les leçons du livre de Dieu, ayant fermé les oreilles pour n'ouïr point la voix de la nature, qui vous avertit tous les jours par les infirmités et par les fréquents remèdes que vous prenez, de ce que vous êtes et de ce que vous n'êtes pas ? Il ne faut point de valet de chambre qui vous crie tous les matins (comme on faisait au roi de Perse) : souvenez-vous que vous êtes homme ; les maux de tête, les ardeurs du sang, les fièvres de lion, qui ne vous quittent point, les seringues, les lancettes et les baignoires vous donnent avis que non seulement vous êtes mortel, mais que vous possédez la vie avec des conditions onéreuses. »

Dans ses lettres, Richelieu évoque surtout, quand il sort du vague, de terribles maux de tête, à la rigueur des rhumatismes dans la mâchoire. Un récit laissé par le fils d'un chirurgien, qui lui sauva probablement la vie à Bordeaux en 1632, fait mieux percevoir les « conditions onéreuses » évoquées par de Morgues. Le corps exhibé et misérable remplace alors le corps escamoté. Et la face publique du corps souffrant, emblème de la combustion interne, disparaît, sans supprimer pour autant la réalité du sacrifice. Simplement, dans sa version intime de face-à-face avec la mort et la décomposition, le sacrifice se définit alors comme la conscience du *prix à payer*, l'arrière-plan spécifique d'un dialogue avec l'Absolu. Ce qui rejoint au fond la version des pamphlétaires, même si la transaction secrète avec Dieu remplace le supposé châtiment d'un tyran diabolique.

Le 30 octobre 1632, le duc de Montmorency est décapité à Toulouse. Il paie ainsi sa révolte, lamentablement conclue à la bataille de Castelnaudary. Sa fin édifiante amplifie encore l'énormité de cette condamnation. Louis XIII a résisté aux supplications de sa cour qui, presque tout entière, implorait sa clémence. Mais, comme toujours, c'est au cardinal qu'on attribua, à tort ou à raison, cette inflexibilité. Début novembre, il s'achemina vers Bordeaux où il arriva malade. Il souffrait d'une grave rétention d'urine. Grave parce qu'elle provenait d'un abcès formé à la suite « d'un dégorgement des hémorroïdes » et que toute la zone du « fondement » était infectée. Les médecins avouant leur impuissance, il fallut, en dernier recours, se tourner vers un simple maître-chirurgien de la ville. Ce dernier introduisit une bougie canulée à travers l'urètre, jusqu'au col de la vessie. L'abcès ne permettait pas d'opérer le cardinal assis. Il se tint donc debout en se faisant soutenir sous les bras par des valets de chambre. « Grâce à cette attitude, la première bougie canulée passa fort doucement et Son Éminence pissa si commodément et avec tant de joie qu'elle appela le chirurgien son père par plusieurs fois, et l'urine vint si abondamment qu'Elle en rendit quatre livres. » Mais l'infection fut ensuite longue à guérir.

Richelieu vivait ainsi entre les canules, les clystères, les lancettes pour les saignées. Il fit aussi venir les reliques de saint-Fiacre dont le contact — rare privilège — avait la réputation de guérir les hémorroïdes. Ainsi, pour répondre aux questions d'Hanotaux et du baron de Courcel, il faut admettre que la robe du cardinal cachait de la pourriture, de la putréfaction avant la mort.

Un pamphlet en vers l'appelle « cul pourri ». Il n'est cependant pas certain que l'intéressé, si crûment attaqué, n'a pas, lisant ces alexandrins, partagé le diagnostic final :

> Son dos, son cul, rongés, serviront de victimes
> Et d'expiation aux horreurs de ses crimes

Dans les derniers mois de sa vie, la putréfaction avait gagné le bras droit, dont il perdit l'usage :

> Il vit grouiller les vers dans ses sales ulcères,
> Il vit mourir son bras,
> Son bras qui, dans l'Europe, alluma tant de guerres

Le 23 mai 1642, peu de jours avant de faire tomber d'autres factieux célèbres, Richelieu épuisé, fiévreux, tordu de souffrance, dicte son testament à un notaire de Narbonne. En cette circonstance solennelle, et alors obligatoire, le « cardinal de la sainte

Église romaine, duc de Richelieu et de Fronsac, pair de France, commandeur de l'ordre du Saint-Esprit, grand maître, chef et surintendant général de la navigation et commerce de ce royaume, gouverneur et lieutenant général pour Sa Majesté en Bretagne > n'a plus la force de tenir son bras et le notaire signe à sa place, < mondit seigneur le Cardinal n'ayant pu écrire ni signer sondit testament de sa main, à cause de sa maladie et des abcès survenus sur son bras droit. >

Dix ans plus tôt, sur le chemin de Bordeaux et de la rétention d'urine qui allait menacer sa vie, Richelieu traversait la Garonne pour répondre à l'invitation du duc d'Épernon qui l'avait prié de faire étape dans son château de Cadillac. Les deux hommes se connaissaient depuis fort longtemps. Le duc, vieillard de soixante-dix-huit ans avait atteint le faîte de sa puissance sous Henri III, dont il avait été le favori. En 1632, il occupait encore les charges de gouverneur de la Guyenne, gouverneur de Metz (place frontière vitale pour la sécurité du royaume), de colonel général de l'infanterie. Sa fortune foncière était colossale. Son fils, le cardinal de La Valette était un proche de Richelieu mais cela ne facilitait nullement les relations entre le père et le Premier ministre. A la mort d'Henri IV, Épernon avait eu une initiative déterminante pour faire reconnaître la régence de Marie de Médicis par le Parlement de Paris. Plus tard, après l'assassinat de Concini et la relégation de la reine mère à Blois, il avait été l'homme clé de la prise d'armes menée par cette dernière, dont Richelieu était alors l'homme de confiance.

Montmorency l'avait indirectement sollicité de participer au soulèvement de l'été 1632. Mais le gouverneur de la Guyenne n'avait pas voulu se compromettre, même pour secourir ce parent et voisin languedocien. En revanche, il avait été parmi les plus pressants auprès de Louis XIII pour tenter d'obtenir la grâce du révolté. Plus conscient du danger virtuel qu'il représentait que reconnaissant de son abstention, Richelieu lui avait suggéré, au lendemain de l'exécution de Montmorency, de se démettre du gouvernement de Metz. Épernon avait fait la sourde oreille. Peu présent à la cour, il n'offrait guère de prise aux contrôles et prenait grand soin d'entretenir une puissance qui reposait sur le cumul des charges. L'homme, fort soucieux de ses prérogatives, jouant habilement des multiples positions de doyen que lui donnait son grand âge (doyen des généraux d'armée, des officiers du royaume, des conseillers d'État, etc.), était difficile à manier, hautain et « magnifique » comme on disait alors. Il voyait d'un fort mauvais œil la montée en puissance du cardinal, qu'il avait connu dans une tout autre position. Ils étaient déjà entrés en conflit à plusieurs reprises. La civile invitation du vieux duc, à laquelle répondait le désir du Premier ministre d' « avoir une vue d'un château dont la construction récente avait entraîné d'immenses dépenses », allait-elle permettre de « réchauffer les froideurs », comme l'écrit joliment Guillaume Girard, le biographe et secrétaire du duc?

Richelieu était précédé par la reine Anne d'Autriche qui avait pris la même route vers Bordeaux et La Rochelle, où elle devait être fêtée par une entrée solennelle préparée par les émissaires du cardinal. Ce dernier était en effet le gouverneur de La Rochelle depuis le fameux siège terminé en 1628. Auparavant, invitée aussi par le duc d'Épernon, la reine s'apprêtait à faire étape à Cadillac. Accompagnée de sa suite, elle traversa la rivière la première. Derrière elle, Richelieu accostait, sévèrement nimbé de l'autorité restaurée de l'État mais « atteint des commencements d'un mal dont il pensa mourir à Bordeaux peu de jours après ».

Un incident se produisit alors, dont il faut laisser le récit à Guillaume Girard. Le biographe présente évidemment une version plutôt favorable au vieux gouverneur de la Guyenne mais chaque détail compte, car, de là, devait se lever une tempête dont Girard cherche à analyser les prémisses :

69

La reine ayant à passer la rivière devant Cadillac, pour venir à la Maison, le Duc fit tenir des carrosses prêts pour recevoir sa Majesté à la descente du bateau : il commanda aussi à quelques-uns des siens d'en réserver un pour le Cardinal, afin qu'il n'eût point sujet de se plaindre qu'on eût manqué à quelque chose en son endroit. Son ordre fut mal gardé, la Reine étant arrivée la première, les carrosses destinés pour sa suite n'ayant pu suffire, on prit aussi celui qui était réservé pour le Cardinal. Le Duc rendit d'abord ce qui était dû à sa Majesté, il l'accompagna à son appartement, et après avoir satisfait à ces premiers devoirs, il se hâta d'aller aussi recevoir le Cardinal sur la rivière, où lui-même lui mena un carrosse, mais toute sa diligence lui fut inutile. Il le trouva déjà bien avant en chemin, et à pied pour se rendre à son logis. Le Duc lui fit toutes les excuses possibles du manquement qui avait été fait contre ses ordres, mais elles ne purent pas guérir le mal de cœur du Cardinal de n'avoir pas été assez considéré. Encore qu'il les reçût avec quelque civilité en apparence, ses actions témoignèrent assez son véritable mécontentement, car il ne voulut jamais entrer dans le carrosse que le duc lui menait, et bien qu'il fût déjà atteint des commencements d'un mal dont il pensa mourir à Bordeaux peu de jours après, il s'opiniâtra à parachever son chemin à pied, avec beaucoup d'incommodité, jusqu'à la chambre qui lui était préparée.

Richelieu ne portait évidemment pas la *cappa*

magna en voyage. On se représente pourtant assez bien la silhouette au pied tourné du tableau de Champaigne, grimper le chemin vers le château de Cadillac. Chaque pas devait aggraver la douleur au bas-ventre et celle de l'abcès purulent. Et la silhouette avait encore à tenir son rang, marcher la tête droite, apparemment détachée de l'insulte, aux côtés du carrosse proposé par la fausse jovialité du duc.

Décrivant l'entêtement un peu ridicule du cardinal, Girard feint de considérer l'incident comme une affaire de préséance entre particuliers. Les serviteurs du duc ont fait une erreur, le maître la répare avec une chaleureuse bonne volonté, mais il tombe sur un homme aigri et trop plein de son importance. Susceptibilité excessive d'un nouveau puissant? En réalité, il ne s'agit pas d'un incident entre particuliers mais d'une rencontre entre deux hommes publics, dans laquelle chaque geste est un signe. La version de Girard, secrétaire du duc, reproduit en fait la position de son maître : ce dernier n'avait pas l'intention d'insulter le cardinal, il souhaitait simplement le traiter à son juste rang. A cette fin, il s'est rendu au-devant de lui, tout en pointant l'écart incommensurable avec la souveraine. Il l'a honoré comme particulier, à son rang, et comme titulaire de charges ecclésiastiques et étatiques (cardinal, grand maître de la navigation, gouverneur de plusieurs places, etc.), en quelque sorte comme son égal mais aussi son cadet. Il a oublié à dessein la position spécifique dans l'appareil d'État, la participation aux mystères du pouvoir.

La reine passe avant. Dans le système de l'État d'Ancien Régime, les monarques sont les seuls vrais personnages publics, car ils incarnent l'identité et l'unité du Public, corps mystique au nom duquel le roi a été chargé par Dieu du pouvoir. Quand le roi séjourne dans la maison d'un de ses sujets ou parents, si puissant soit-il, celui-ci se découvre en sa présence (comme toujours), mais, en revanche, le reste du temps, il porte le chapeau comme s'il n'était plus dans sa propre demeure, comme s'il était en visite. Il s'agit de signifier que le roi est partout chez lui. La reine est donc chez elle chez le duc d'Epernon. Tout cède devant elle. Le cardinal, par contre, n'est qu'un hôte, illustre peut-être, mais simple invité. D'ailleurs, Richelieu, s'il a bien, comme prince de l'Église, le pas sur un duc et pair, devrait céder devant Épernon pour ses charges étatiques, ne serait-ce qu'en raison de sa moindre ancienneté. Car la proximité du pouvoir, la position de « principal ministre » n'en fait pas autre chose qu'un éminent domestique du roi, conseiller privé du prince, son favori. Autrement dit, Epernon respecte l'homme public Richelieu et le renvoie, pour le reste, à son statut de particulier : le piège de Cadillac se referme ainsi sur le cardinal, grâce à la complicité involontaire de la reine. Piège dangereux : il n'y a pas alors de statut – même pour un Premier ministre – hors de la capacité de l'assumer publiquement et de le faire respecter.

Le refus du carrosse ne peut donc s'analyser dans les termes de Girard : une susceptibilité excessive qui vient démentir la civilité des paroles prononcées. La montée à pied vers le château manifeste que le piège, faute d'avoir pu être déjoué à temps, a été compris. L'ostentation de la faiblesse du marcheur épuisé annonce le possible retour fulgurant de la force. Car, par-delà la puissance des fictions juridico-politiques, l'homme malade tient la foudre de la force cachée. Son humiliation, en ce sens, est lourde de menaces. La faiblesse exhibée continue donc d'affirmer la présence de la force, tout en livrant au regard la figure christique du sacrifice de la personne privée. Les pieds qui portent, dans la poussière du chemin, le corps souffrant consolident l'image du sacrifice par combustion. Voici les secrets de l'État, les labeurs qui ont assuré le retour de la paix publique, la lumière tremblante du contact maintenu avec Dieu par-delà la violence étatique, qui montent péniblement de la rivière, quand la suite insouciante de la reine se prépare aux festins et aux fêtes offerts par le duc fastueux. Qui représente alors mieux le mystère de la souveraineté : le gouverneur de la province, substitut local de la présence royale, ou le prélat insulté ?

Mais le corps tiendra-t-il ? S'il s'effondre,

l'adversaire disposera du terrain et le face-à-face avec la mort changera de sens. Or, à Bordeaux, la maladie terrasse Richelieu. Le voilà livré aux bougies canulées du chirurgien Mingelousaulx, incapable de mener la reine à La Rochelle, et contraint à l'immobilité, tel le plus chétif des particuliers en proie aux misères de la condition humaine. Et le vieil Epernon « insolent d'être en vie », comme l'écrit Michelet, entend bien pousser son avantage. Bordeaux est la capitale de son gouvernement. Il y possède un château, contrôle la municipalité et dispose du soutien et de l'influence de réseaux de clientèles patiemment bâtis. Il est chez lui et ne se trouve même pas, comme à Cadillac, prisonnier des lois de l'hospitalité. De plus, il dispose d'une force militaire à sa dévotion alors que Richelieu n'a avec lui que son entourage de domestiques.

Pendant le séjour de la reine dans la ville, Epernon a fait quitter à ses gardes leurs couleurs et leurs armes. Mais dès son départ, il donne l'ordre de reprendre casaques et mousquets. Mieux, il décide de rendre visite, entouré de ces hommes armés, au cardinal moribond. Sans doute était-ce une nouvelle démonstration de puissance, tenue devant le public élargi de la ville (après les courtisans de Cadillac), démonstration de sa volonté de distinguer entre l'épouse du roi et le favori. Richelieu qui ne tient même plus sur ses pieds ne saurait relever ce nouveau défi. Il ordonne simplement que sa porte reste close devant l'intrus. Certains de ses domestiques courent aux armes, craignant un attentat contre leur maître.

Quand le cardinal eut uriné, puis repris quelques forces, il décida, bien qu'encore très faible, de quitter au plus tôt Bordeaux. Il fuyait devant l'insulteur à qui la place allait demeurer. Le duc, qui avait trop de goût pour les démonstrations redondantes, pensant sans doute que leur répétition consolidait son triomphe, l'accompagna, encore « par civilité », jusqu'à la rivière. Aux côtés du malade sur son brancard, il paradait entouré de ses gardes et, comme toujours, d'une cour brillante de jeunes gentilshommes guerriers qui attendaient du colonel général de l'infanterie de France une position dans ce corps.

Richelieu se retira dans la place forte de Brouage dont il était le gouverneur. Il y reprit des forces, puis regagna Paris. Après sept années passées à traverser et retraverser le royaume, aux côtés du roi, devant lui, derrière lui, à la tête des armées ou presque seul avec quelques domestiques, le corps avait lâché. Juste après une victoire de plus contre la révolte, la faiblesse du corps, en se transformant en glissade vers la mort, avait étouffé le feu consumant et permis l'insulte et la menace. Il avait fallu renoncer au voyage de La Rochelle, alors que le cardinal avait prévu d'y célébrer le service de Dieu devant la reine, dans la cathédrale rendue au culte catholique après la défaite protestante. Trop de faiblesse avait suspendu l'exhibition de la faiblesse comme icône du sacrifice de sa personne, sacrifice fait au roi et donc au Public. La reprise de la démonstration de faiblesse ne pourra passer que par un recours spectaculaire à la force – en particulier contre l'insulteur – qui, en rétablissant la foudroyante identité du pouvoir, permettra de nouveau à la faiblesse de s'exposer comme paradoxe.

L'entreprise du duc d'Epernon à Cadillac consistait à refuser de reconnaître sur le corps de Richelieu la marque (sacrificielle) de sa participation aux mystères du pouvoir, afin de le traiter publiquement en *particulier*. On en trouve un écho chez Guez de Balzac – d'ailleurs filleul du duc d'Epernon et élevé dans son entourage. Les moyens de l'écrivain sont évidemment différents. Lui n'a pas le pouvoir de faire marcher le ministre au flanc d'un coteau montant vers son château, comme un visiteur ordinaire en avance sur le carrosse qui doit venir l'accueillir. Il dispose de sa plume. Dans un premier temps, il ne songeait nullement à l'utiliser contre le ministre. Il cherchait plutôt à lui faire une cour rentable. Mais il allait commettre une série de maladresses et d'erreurs qui trahissent un point de vue sur le pouvoir du cardinal proche de celui du vieux duc d'Epernon.

Balzac s'est hissé au premier rang des écrivains de son temps avec ses *Lettres*, publiées en 1624. Presque toutes sont de vraies lettres mais elles ont été remaniées pour la publication. Les plus nombreuses ont été adressées à des personnages importants que l'épistolier traite en égaux. Certaines se présentent comme des réponses et se font ainsi l'écho de propos tenus par les destinataires de l'écrivain. La *lettre* est un genre littéraire ancien que Balzac a révolutionné par l'éclat de son style et surtout par l'étendue de son succès. Avec lui, chaque pièce du recueil a prétendu passer pour une prouesse d'écriture, la forme brève permettant la concentration des effets de style. Il ne s'agissait de rien moins que de bouleverser les critères d'appréciation de l'éloquence. En outre, la lettre publiée – appréciée comme forme littéraire reconnue et à la mode – avait pour effet de déplacer des propos apparemment tenus dans une sphère du particulier (un échange entre deux individus) vers un espace public. Elle produisait ainsi – et produit aujourd'hui encore – un effet de réel et tirait, de là, une originalité et une virulence dont la légitimité allait être débattue dans d'âpres polémiques. Un contradicteur se scandalise ainsi de l'exhibitionnisme des *Lettres* de Balzac : « S'il ose bien entretenir les cardinaux de ses débauches, de sa sciatique et de sa gravelle, on peut croire facilement qu'il ne lui manque plus que la vérole, pour de là prendre occasion de faire des lettres au pape. »

Balzac a joint à son recueil une lettre de Richelieu. Pourquoi cette pièce rapportée? Probablement pour faire mieux saisir au lecteur le rayonnement de l'épistolier. Cette lettre n'est évidemment pas hostile. Il faut cependant prendre garde à sa complexité :

> Les conceptions de vos lettres sont fortes et aussi éloignées des imaginations ordinaires qu'elles sont conformes au sens commun de ceux qui ont le jugement relevé, la diction en est pure, les paroles autant choisies qu'elles le peuvent être pour n'avoir rien d'affecté, le sens clair et net, et les périodes accomplies de tous leurs nombres. Ce sentiment est d'autant plus ingénu qu'en approuvant tout ce qui est de vous dans vos lettres, je ne vous ai point celé que je trouvais quelque chose à désirer en ce que vous y mettez d'autrui, craignant que la liberté de vos paroles ne fît croire qu'il y en eût en leur humeur et en leurs mœurs, et ne portât ceux qui les connaîtraient plus de nom que de conversation à en faire un autre jugement que vous ne souhaiteriez vous-même.

Prenons au sérieux les deux aspects de ce jugement : la louange et la critique. La première porte sur l'écriture et semble transparente. La seconde s'en prend à la trop grande liberté dans l'évocation d'autrui. Entendons par là toutes les marques de la présence des puissants destinataires des lettres, soigneusement serties par Balzac dans chacune de ses missives, parfois sous la forme de simples allusions (leurs goûts, leurs traits d'esprit, leur manière de vivre, etc.). Ce genre de dévoilement présente en effet un danger. Il peut apparaître un écart, un fossé, voire une contradiction, entre deux visages des personnages concernés (parmi eux Richelieu lui-même) : celui, privé, que la lettre rend public, celui que leur position sociale ou leur fonction politique leur fait arborer publiquement. Il se peut, certes, que la contradiction ne soit pas perceptible mais le danger qu'elle le devienne dépend de l'écrivain ; il a, dans cette forme particulière d'énonciation, le pouvoir de la faire surgir et de la rendre subversive.

Montrer des personnages puissants « en leur privé », évoquer leurs goûts, éventuellement leurs confidences, revient à se mettre sur un pied d'égalité avec eux, mais aussi à oublier – voire à gommer – leur dimension de personnage public, alors que cette dimension tire sa particularité (son autorité) de la différence et de la distance maintenue avec le commun des « particuliers ».

Balzac, peut-être ébloui par les compliments, ne tient pas compte de l'avertissement. En 1631, il publie *Le Prince*. Il y est question de Louis XIII, longuement célébré, de page en page, et de sa politique, systématiquement vantée, y compris dans ses aspects les plus critiqués – ceux qu'on associait volontiers au nom du principal ministre. Pourtant, malgré cet enthousiasme absolutiste, Richelieu manifeste très vite une nette hostilité au livre.

La première édition du *Prince* se clôt sur deux épîtres au Premier ministre, l'une datée du 4 août 1630, la seconde du 3 mars 1631. Balzac y annonce la parution d'un tome 2 et d'un tome 3, dont il précise qu'il a déjà adressé le manuscrit au cardinal. Mais ni l'un ni l'autre de ces deux tomes ne vit jamais le jour.

La seconde épître à Richelieu accorde une place importante à la crise de novembre 1630 (11 pages sur 33). Balzac évoque tout particulièrement le moment le plus aigu. Il disculpe Richelieu des accusations portées contre lui et insiste, à cette fin, sur le désarroi du ministre devant les colères de la reine mère :

> si vous avez la douleur de n'être pas agréable à une Princesse, pour le moins vous n'avez pas le remords de lui avoir été infidèle... la prière qu'elle fit au Roi de vous éloigner de ses affaires ne fut pas tant un effet de son indignation contre vous, que le premier coup de la conjuration qui s'était formée contre la France et qu'on lui avait déguisée sous le voile de la dévotion, afin qu'elle crût mériter en vous ruinant... je m'imagine que vous n'êtes point content de cette fortune que vous ne possédez pas du contentement de tout le monde... ayant si longtemps et si parfaitement travaillé à la parfaite Union de Leurs Majestés je ne doute pas que ce ne vous soit un sensible

déplaisir de voir aujourd'hui vos travaux ruinés et
votre ouvrage par terre.

Évoquant ces lignes, Richelieu aurait traité Balzac
d' « étourdi ». Au fond, l'écrivain avait exposé sur
une scène publique, que son autorité littéraire rendait
vaste, une version des événements qui déplaisait au
cardinal. Il avait pointé, d'une manière qu'il croyait
habile pour justifier celui-ci, la faiblesse du pouvoir
soumis aux aléas des relations entre une mère et son
fils. Et, de plus, il semblait ainsi partager les secrets
les mieux gardés, comme s'il vivait dans une sorte
d'intimité avec le ministre. Enfin, ces propos se trouvaient décalés par rapport à l'action en mouvement :
ce qui pouvait se dire, à la rigueur, à la fin de 1630
n'avait plus cours au printemps 1631, après la victoire de Richelieu, la déroute de ses ennemis, à un
moment où il cherchait à faire étalage de sa force
pour dissuader les vocations oppositionnelles.

En révélant les dessous d'une crise politique
majeure, Balzac ramenait les acteurs principaux – et
surtout Richelieu – au rang de personnes privées en
conflit, s'affrontant assez grotesquement en une scène
fomentée et mue par des ressorts psychologiques tri-
viaux.

L'épistolier qui prétendait devenir un écrivain
politique a payé ses bévues au prix fort. Il dut renoncer à tirer un profit matériel de son succès littéraire –
il rêvait d'un rôle politique, de gratifications, d'un

évêché : d'accéder, lui aussi, au rang de personnage public, ce qui était alors hors de la portée d'un écrivain – et dut se retirer à la campagne. Parmi ses amis, certains ont pourtant fait preuve de bien plus de discernement (mais leurs prétentions étaient sans doute moins élevées). Ainsi Jean de Silhon, qui travaillait dans l'entourage direct du cardinal, s'est-il risqué à sauver la mise de l'épistolier en donnant une préface à la sixième édition des *Lettres*. Il s'adresse à Richelieu :

> Je veux seulement dire que j'ai eu raison de soumettre une éloquence née à l'ombre et formée dans la solitude à cette autre éloquence vive et animée de la voix et de l'action qui vous fait régner souverainement dans les assemblées ; il est certain, Monseigneur, que vous y êtes plus puissant par cette incomparable qualité que par l'autorité que le Roi vous a commise : le seul ton de votre voix a une propriété occulte pour charmer tous ceux qui vous écoutent ; ils ne sauraient avoir de passion si opiniâtre qui ne soit vaincue par les raisons que vous proposez et, après que vous avez parlé, vous demeurez toujours maître de cette partie de l'homme qui n'est point sujette à l'ordre du monde, et ne relève ni des puissances légitimes, ni de la domination des tyrans.

Silhon, bon serviteur, sait fort bien ce qu'il ne faut pas confondre : ses premiers mots sont donc pour distinguer l'éloquence « née à l'ombre et formée dans la solitude » de celle qui subjugue les assemblées.

Souligner la puissance et le charme de la voix, la vivacité et l'animation de l'orateur, c'est une autre manière de reconnaître l'inscription des mystères du pouvoir dans le corps du Premier ministre. Mais il s'agit alors d'un corps offert au public. La propriété occulte de la voix est un signe qui révèle la parfaite adaptation du corps à la fonction. Avec un supplément : le miracle d'agir sur la « partie de l'homme qui n'est point sujette à l'ordre du monde ».

Autre ami de Balzac (et de Silhon), Jean Chapelain, qui tenait alors le premier rang parmi les hommes de lettres bien en cour, professait la même admiration pour l'auguste voix. Ayant obtenu d'être reçu par Richelieu — privilège longtemps attendu malgré bien des témoignages de fidélité — il prépara soigneusement cette première entrevue. Mais cela ne servit à rien, car, écrit-il, « je demeurai comme interdit et perdis la mémoire de ce que je lui devais dire pour jouir de l'excellence des choses qu'il me disait... sa voix me parut plus douce que tout ce que jamais j'ai entendu de plus harmonieux ». L'éclat de la puissance nimbe la rencontre. L'entretien privé est complètement submergé — et rendu comme irréel — par la force rayonnante du personnage public. Ces lignes enthousiastes réalisent ainsi l'opération exactement contraire à celle que Balzac accomplissait en affichant le « privé » de ses correspondants.

On n'imagine pas le cardinal en train de parler.

Les lèvres pincées sur le portrait de Champaigne interdisent de sortir du tableau par là. Il faut se satisfaire d'une réputation, d'ailleurs solidement établie (son discours lors de la séance de clôture des États généraux, en 1615, lance l'évêque de Luçon en politique). Mystère de la voix et mystère de l'action oratoire, fragile puissance d'un corps animé.

III

LA MAIN CACHÉE

Octobre 1628, La Rochelle se rend. 15 janvier 1629, Louis XIII et Richelieu quittent Paris à la tête d'une armée et fondent sur l'Italie pour délivrer la place forte de Casal, en Piémont. Les troupes franchissent les cols alpins dans des conditions difficiles mais avec un total succès.

Avril, retour en France, à marches forcées, pour combattre les protestants, soulevés dans le Midi. Les religionnaires ne s'attendaient pas à une réaction si rapide, ni si brutale. Privas tente de résister. La ville est prise, livrée au pillage et au massacre, brûlée. Les autres places fortifiées se soumettent alors, les unes après les autres. Fin juin, Louis XIII signe un édit de grâce qui garantit la liberté religieuse, en échange d'une totale soumission et du démantèlement des fortifications. Juillet, il quitte le Midi et regagne Paris. Richelieu, quant à lui, se dirige vers Montauban qui a paru refuser l'édit. Peut-être le cardinal a-t-il d'ailleurs conclu une sorte de pacte avec cette ville : protection occulte contre reddition entre ses mains (et non celles des généraux qui assiégeaient la ville depuis des mois). En août, le *problème protestant* est réglé.

Sous les murs de Montauban, le cardinal, qui vient de remporter succès sur succès, convie à un festin les généraux qui ont participé à la dernière campagne. Outre son entourage immédiat, au sein duquel se détache la figure d'Henri de Sourdis, archevêque de Bordeaux, il a invité le maréchal de Marillac, le maréchal de Bassompierre, le duc de Montmorency gouverneur du Languedoc, le duc d'Épernon (et aussi quelques-uns de leurs commensaux).

Le premier de ces convives, Marillac, fut arrêté en 1630, jugé, condamné à mort, décapité. Le second, Bassompierre, quelques mois plus tard fut enfermé à la Bastille où il resta douze ans. Montmorency complota avec le duc d'Orléans, prit les armes, fut fait prisonnier, condamné à mort, exécuté en octobre 1632. Quant à Épernon, il semblait se porter à merveille cette même année 1632, en novembre, à Cadillac, où nous l'avons rencontré.

Novembre 1632, novembre 1633, une année se passe. Henri de Sourdis décide enfin de faire son entrée à Bordeaux et de résider quelques mois dans son diocèse. Entre-temps, il s'est beaucoup occupé des affaires privées de Richelieu et de quelques missions de confiance.

Dès son arrivée, l'atmosphère de la ville se trouva étrangement tendue. Le premier incident survint quand il mit le pied sur le rivage de la Garonne. Ils se succédèrent ensuite, de jour en jour. Derrière chacun d'eux, se profilait la silhouette du duc d'Épernon. L'archevêque, de son côté, manifesta fort clairement qu'il n'entendait pas céder un pouce de terrain. Après une escalade d'un mois, par représentants et domestiques interposés, la rencontre décisive entre les deux hommes eut lieu le 10 novembre. Ce jour-là, dans l'après-midi, Sourdis regagnait à pied son palais épiscopal, revêtu des ornements sacerdotaux, précédé de la croix processionnaire et entouré de toute une troupe d'ecclésiastiques. Devant sa cathédrale, il se trouva nez à nez avec Épernon (Jean-Louis de Nogaret de La Valette, duc et pair de France, gouverneur de la Guyenne) qui, visiblement, l'attendait. Le duc, au lieu de se découvrir pour saluer la croix, enfonça son chapeau et dit en colère : « Vous voici impudent qui faites toujours des désordres, vous êtes un insolent, ignorant et méchant, je ne sais ce qui me retient de vous mettre sur le carreau. » Joignant le geste à la parole, il lui assena trois coups de son poing fermé dans l'estomac, puis un coup sur les lèvres et deux autres sur le nez.

87

Il saisit ensuite le chapeau et la calotte du prélat, les jeta à terre et les piétina. L'archevêque cria qu'il l'excommuniait et ajouta, alors que le gouvernement avait levé son bâton pour frapper à nouveau, « Frappe tyran, tes coups seront autant de roses et de fleurs que tu répandras sur moi, tu as puissance sur mon corps tant que tu auras les armes du Roi en la main, mais sur mon âme, mon esprit et mon cœur tu n'en as pas, car ils me sont donnés pour conduire mon peuple. »

On l'aura peut-être deviné, une aussi belle tirade ne pouvait être rapportée que par son auteur. En effet, la première occupation de Sourdis, après avoir échappé au bâton du terrible duc, fut de se précipiter dans son palais pour y dresser un procès-verbal — détaillé — de ce qui venait d'avoir lieu. Ce récit partit immédiatement vers Paris, vers celui qui l'attendait et qui en reçut ensuite presque chaque jour, au point de faire aujourd'hui un beau volume de plus de cinq cents pages, soigneusement collationné par de fidèles secrétaires.

Son procès-verbal terminé, Sourdis réunit une assemblée du clergé local qui prononça l'excommunication du duc (« membre retranché de la Sainte Église, livrons et baillons comme parle l'Apôtre son corps à Satan... déclarons ses peines être préparées telles qu'aux fils de Bélial et au traître Judas disposés aux ardeurs des flammes éternelles, s'il ne vient promptement à résipiscence... » : c'est la formule rituelle). Plus grave encore, la ville tout entière, souillée par la présence de l'excommunié, fut mise en interdit (aucun service religieux ne pouvait plus y avoir lieu et aucun sacrement distribué), avec une habile exception pour la chapelle du palais de justice et pour un seul cimetière. Les foudres de l'Église romaine frappaient ainsi, solennellement, l'agresseur d'un évêque. A partir de là, le pape et le roi eurent à dire leur mot.

Louis XIII intervint avec une belle célérité. Le 17 novembre trois lettres signées de sa main partirent de Chantilly. L'appel de l'archevêque avait mis moins de six jours pour parvenir au souverain (il en fallait neuf ou dix à un voyageur ordinaire pour rallier Bordeaux à Paris). La première des lettres royales était destinée à Épernon : elle lui donnait l'ordre de quitter son gouvernement et de se retirer dans son château de Plassac en Saintonge. La seconde visait les jurats de Bordeaux (appellation locale des échevins), tout dévoués au duc, et qui avaient refusé d'aller accueillir l'archevêque sur le port le jour de son arrivée : « Nous avons bien voulu vous témoigner par cette lettre que la mauvaise conduite que vous avez tenue Nous a été entièrement désagréable et Nous donne grand sujet de mécontentement... » La troisième enfin s'adressait à Sourdis. Le roi lui offrait sa protection, annonçait l'arrivée d'un enseigne de ses gardes qui garantirait sa sécurité et sa liberté, et lui demandait de venir près de lui pour l'informer directement de tout ce qui s'était passé.

Épernon hésita beaucoup avant d'obéir à « quatre lignes de papier ». Il en avait vu d'autres. Mais ses amis le pressèrent de céder, mettant en avant que depuis plusieurs mois des envoyés de Richelieu faisaient ramasser, partout où ils pouvaient en trouver, des ordonnances rendues par le gouverneur pour la subsistance des troupes de Guyenne (pour lever des impositions ou organiser leur hébergement chez l'habitant). C'est ainsi qu'avait été construit le dossier d'accusation du maréchal de Marillac, condamné à mort pour prévarication un an et demi auparavant.

Que les gouverneurs se livrent à des malversations, ou au moins à des opérations aventureuses avec les deniers publics, était à peu près inévitable. Le roi avait besoin de troupes ; l'argent arrivait mal. Alors on anticipait les paiements en détournant une partie des impôts levés sur place ou bien on faisait des avances copieusement remboursées ensuite, souvent sur la foi de fausses quittances. Il arrivait même que l'on procède à des levées illicites d'impôts. Généralement, le roi et son ministre fermaient les yeux, tant ces pratiques étaient répandues. Mais elles n'en étaient pas pour autant reconnues comme licites. Toute trace qui en subsistait pouvait, un jour ou l'autre, être retournée contre celui qui y avait eu recours.

90

Le duc se soumit finalement et prit le chemin de l'exil. Le Conseil du roi révoqua ensuite la municipalité, entama des poursuites contre le commandant des gardes du gouverneur, remit en cause les droits seigneuriaux que ce dernier percevait à Bordeaux. Quant à Sourdis, rappelé à Paris, il se mit en route entouré d'une troupe nombreuse qu'il choisit d'aller faire passer sous les murailles du château de Plassac, trompettes sonnantes.

Excommunié, Épernon n'avait d'autre solution que de réclamer son absolution au pape. Elle lui fut très facilement accordée. Mais une cérémonie devait obligatoirement s'ensuivre ; au roi, maître en son royaume, de l'organiser. Et justement, le monarque décida qu'Henri de Sourdis présiderait cette cérémonie expiatoire et qu'elle se tiendrait à Bordeaux. Par l'intermédiaire du cardinal de La Valette, Richelieu proposa alors une intervention gracieuse. Une négociation s'engagea. En échange de sa démission du gouvernement de Metz et du mariage (en secondes noces) de son fils, héritier du nom, avec l'une des cousines germaines du Premier ministre, Épernon pourrait bénéficier d'une démarche qui tenterait de faire fléchir la royale inflexibilité. Bien sûr, il ne fallait plus songer à exiger l'impossible, la suppression de l'humiliante cérémonie par exemple, mais, peut-être, l'intermédiaire bienveillant parviendrait-il, en agissant avec tact, à la faire déplacer : au lieu de déployer son faste en public dans la capitale de la Guyenne, elle pourrait avoir lieu dans la petite ville de Coutras, sur le parvis de l'église. Marché conclu.

Le 20 septembre 1634, le duc se présenta donc devant l'archevêque. Il dut s'agenouiller et prononcer les formules rituelles de soumission et de demande de pardon. Sourdis les fit répéter, les trouvant trop marmonnées à son goût. Après la cérémonie, se déroulèrent, suivant l'ordre du roi, des visites de courtoisie : d'abord celle d'Épernon à Sourdis, puis l'inverse.

Résumant toute cette affaire, le secrétaire-biographe du duc définit le traquenard dans lequel était tombé son maître comme « la plus rude attaque qu'il eût reçue en sa vie ». Quant aux *Mémoires* attribués à Richelieu, ils portent modestement, dans le passage qui suit le récit de la possession de Loudun (le malheureux curé Urbain Grandier brûlait un mois avant la cérémonie de Coutras) : « Ce sujet nous convie à représenter le soin que le Roi eut de satisfaire l'Église notablement offensée en la personne de l'archevêque de Bordeaux. »

Remontons le temps, jusqu'en 1626-1627 et au-delà. Au sortir des guerres de religion, après la conversion d'Henri IV, la défaite de la Ligue et l'Édit de Nantes, les catholiques français se divisaient en deux groupes fortement antagonistes. D'un côté, les « bons Français » ou « politiques », tôt ralliés à Henri IV, et qu'on peut nommer (en simplifiant) gallicans, de l'autre, les anciens ultras du parti catholique. Leur attachement prioritaire aux positions théologiques et politiques de la papauté permet de les qualifier d'ultramontains. Les premiers étaient solidement implantés dans la magistrature, à la Sorbonne, dans les élites bourgeoises. Les seconds peuplaient les nouveaux ordres religieux de la « contre-réforme » catholique et organisaient une sorte de reconversion militante des énergies ligueuses. En réalité, ces oppositions étaient d'une extraordinaire complexité. La frontière passait à l'intérieur des différents groupes de notables urbains, et, souvent, au sein même des familles. Il existait des groupes de pression — des lobbies — gallicans et ultramontains mais on ne peut en aucune manière parler de partis organisés. Il fallait un événement qui pousse à l'engagement et au choix pour que les contours des deux camps paraissent un peu mieux se dessiner.

A l'échelle de l'Europe, le combat entre protestantisme et catholicisme était loin d'être terminé. La ligne de front avait été déplacée vers l'Est, vers l'Allemagne et la Bohême, même si dans le royaume de France la lutte continuait sous des formes nouvelles. Certains ordres religieux, comme celui des jésuites, profondément engagés dans ce combat, interprétaient la question de la cohabitation religieuse en termes de géostratégie. Les gallicans, au contraire, ne l'envisageaient qu'à l'échelle du royaume, dans le contexte d'une puissance étatique affermie. Nous avons aujourd'hui beaucoup de mal à nous représenter à quel point ces préoccupations étaient au cœur de la vie intellectuelle, politique, morale, et, bien sûr, religieuse, de la première moitié du XVIIe siècle. C'est pourtant de ce point de vue qu'il faut se placer pour comprendre l'importance d'affaires qui semblent tout à coup mobiliser les énergies, à commencer par celle du pouvoir.

A ce rang doit être mise « l'affaire Santarelli » qui surgit au début de 1626. Antonio Santarelli, jésuite romain, avait publié un gros volume en latin, qui tenait à la fois du traité de théologie morale et du manuel de droit inquisitorial. Il s'agissait d'une œuvre austère, réservée à un tout petit nombre de lecteurs, dont la publication avait été autorisée par le général des jésuites et le Saint-Office.

Le libraire parisien Sébastien Cramoisy en reçut six exemplaires, un beau jour de février 1626. Le paquet était à peine déballé qu'un jésuite pénétra dans le magasin, l'un des plus riches de la rue Saint-Jacques. Jetant un coup d'œil sur cette nouveauté, il en parut tout de suite étrangement préoccupé. Il retint les six exemplaires et demanda qu'on les livre le soir même à la maison professe. A l'heure dite, il n'en arriva que cinq. Le libraire, embarrassé, expliqua que son frère avait pris sur lui de prêter le sixième à un docteur de Sorbonne. Il ajouta, aussitôt rassurant, que ce docteur avait lui-même un frère qui étudiait la théologie chez les jésuites, ce qui permettrait bien vite de remettre la main sur le livre. Les Pères de la maison professe convoquèrent immédiatement leur étudiant et le pressèrent de récupérer le volume emprunté. Le lendemain matin, l'étudiant alla trouver son frère qui ne fit aucune diffficulté à le lui remettre. Cependant, ce dernier crut de son devoir fraternel de préciser que, pendant qu'il lisait, l'un de ses condisciples en Sorbonne était entré, avait regardé ce gros volume et y avait pris plusieurs pages de notes.

Quel secret le jésuite romain avait-il donc déposé dans son *Tractatus de haeresi, schismate, apostasia, sollicitatione in sacramento paenitentiae, et de potestate Romani Pontificis in hic delictis puniendis*? A Rome, la compilation avait paru plutôt anodine. Dans le contexte français, et surtout parisien, certains passages se transformèrent en bombe à retardement. Santarelli reprenait la doctrine de Robert Bellarmin concernant le pouvoir indirect des papes sur les rois. Il rappelait donc le droit des papes de délier de leur serment de fidélité les sujets d'un souverain qui pactiserait avec le diable – entendons avec l'hérésie. Cela revenait à autoriser spirituellement la révolte des sujets contre leur roi, assimilé à un tyran par sa trahison de la « bonne » cause. Le domaine était plus que sensible en France puisque ces thèses avaient servi, dans le passé le plus proche, à justifier le tyrannicide et avaient donc pu contribuer à armer le bras des illuminés assassins de deux rois (Henri III et Henri IV). Aux états généraux de 1614, le tiers état avait, en riposte aux théories romaines, réclamé que l'exclusion de toute action ou influence de la papauté sur la vie temporelle du royaume soit érigée en loi fondamentale.

Le docteur de Sorbonne tombé inopinément sur le sixième exemplaire du livre de Santarelli transmit immédiatement ses extraits à l'un des avocats généraux du parlement de Paris, Servin, qui avait le pouvoir d'entamer des poursuites. Mais ce dernier, aussitôt monté à l'assaut, mourut en séance, d'une attaque d'apoplexie, avant même d'avoir pu exprimer son point de vue sur l'ouvrage incriminé (dont on avait réussi à obtenir des exemplaires à Lyon). Signe de la providence? Sans doute pas, car son collègue Omer Talon reprit volontiers le flambeau, alors qu'on le considérait pourtant comme un ami des jésuites. Le livre fut condamné à être brûlé en place publique. Mais, comme le laissait entrevoir la panique des jésuites, ce fut une belle occasion d'en faire plus.

La compagnie de Jésus avait été bannie du

royaume en 1594 et n'avait reçu l'autorisation d'y retourner qu'en 1603. Depuis, elle était attaquée, chaque fois que l'occasion s'en présentait, par les magistrats gallicans qui se scandalisaient de son serment d'obéissance directe au pape. Le parlement convoqua donc les jésuites parisiens et leur demanda de prendre position sur le livre de leur compagnon romain. Cela revenait à mettre en évidence la contradiction des obédiences : au roi (comme Français) et au pape (comme jésuites). Les pères, au bord du piège, se trouvaient à nouveau menacés d'interdiction et d'expulsion. Ils comptaient, certes, de nombreux soutiens qui commencèrent à se mobiliser mais l'affaire paraissait fort mal engagée. Elle menaçait, en outre, de se transformer en affrontement généralisé entre gallicans et ultramontains. La Sorbonne intervint et, emportée par le groupe des gallicans extrémistes, condamna aussi le livre. L'assemblée générale du clergé, alors réunie à Paris, se divisa elle-même en deux camps qui commencèrent à s'entre-déchirer.

Derrière l'éclat public de l'affaire, on peut deviner un autre versant. A Rome d'abord, où *quelqu'un* a peut-être joué la rupture entre le pape et le roi de France (les jésuites romains au cœur des calculs géostratégiques de la compagnie?). Il semble, en effet, que les exemplaires du livre de Santarelli envoyés en France aient comporté deux pages qui n'existaient pas dans le volume présenté à la censure du Saint-

97

Office. Ces deux pages durcissaient encore la doctrine du pouvoir indirect des papes sur les souverains.

Dans un premier temps, une réprobation presque universelle s'exprima à Paris. La censure de la Sorbonne reçut une large publicité : elle fut reproduite par le *Mercure françois*, publication totalement contrôlée par le gouvernement.

Richelieu, qui a laissé se diffuser ce texte ultra-gallican, intervint bientôt pour proposer, en tant que ministre et homme d'Église, une version édulcorée de la condamnation des jésuites. Le parlement prétendait leur faire signer un formulaire qui condamnait explicitement Santarelli mais y ajoutait la doctrine de Bellarmin. Et ce formulaire comprenait une proposition en complète rupture avec les prétentions romaines : « que le pape n'a aucune puissance, ni directe ni indirecte, médiate ni immédiate, coactive ni directive sur le Roi, pour quelque cause et occasion que ce soit ». C'était une manière de faire proférer aux jésuites un serment directement contraire à leur vœu d'obéissance au pape.

La solution de Richelieu maintenait le principe d'un formulaire à signer et la condamnation la plus explicite de Santarelli, mais supprimait les autres considérations. Il permettait ainsi aux jésuites parisiens de sortir de l'extrême embarras dans lequel les plongeait cette affaire. Ils durent cependant en passer par une soumission publique à leurs ennemis : ils signèrent.

Les pseudo-*Mémoires* de Richelieu disent magnifiquement : « Il fallait réduire les jésuites en un état qu'ils ne puissent nuire par puissance mais tel aussi qu'ils ne se portassent pas à le faire par désespoir. » Pendant plusieurs mois, les camps ultramontains et gallicans firent encore monter le ton. Après la première offensive gallicane à la Sorbonne, certains docteurs de l'autre bord réagirent. Parmi eux, un proche du cardinal. A l'assemblée générale du clergé, la situation devint très confuse. Dans l'ensemble, les prélats ne furent pas mécontents des déboires des jésuites. Là encore, un proche de Richelieu se porta à la pointe du combat. Cette fois-ci, du côté anti-jésuite.

Finalement, un arrêt du Conseil vint dessaisir le parlement qui avait pris position pour les ultragallicans de la Sorbonne, interdire à cette dernière de débattre encore de l'affaire, et casser la censure qu'elle avait formulée.

Si l'on cherche à évaluer les résultats de toute cette agitation, on bute aujourd'hui sur les interprétations classiques et pourtant contradictoires de deux historiens, celle de Victor Martin (dans une série d'articles parus entre 1926 et 1928), et celle, plus récente, de l'historien américain William Church. Pour le second, les ultramontains ont fini par l'emporter : la condamnation de la Sorbonne a été cassée, les gallicans extrémistes réduits au silence et la polémique s'est arrêtée sans défaite absolue des tenants du pouvoir indirect des papes sur les rois. Pour le premier, au contraire, les idées gallicanes n'avaient, auparavant, jamais circulé aussi profondément dans le corps politique et, si Richelieu a désavoué la Sorbonne et le parlement pour éviter des complications diplomatiques avec le pape, il ne l'a fait que tardivement, alors que le principal était acquis.

Faut-il trancher? Non, car les deux historiens sont dans le vrai. A un point près : c'est que tous les protagonistes de cette affaire en sortirent, en réalité, affaiblis. Sauf un : le pouvoir d'État. Il avait commencé par laisser agir et, peut-être, encouragé la riposte contre Rome et les jésuites, avant de sembler prendre le parti inverse. Des forces hostiles jouaient ainsi librement l'une contre l'autre, et à visage découvert. L'entrée en scène de chacune provoquait des réactions, qui en suscitaient d'autres, dans une atmosphère de tension accrue. *Ensuite*, le pouvoir se posa en conciliateur et réussit, de ce fait, à accélérer le processus de neutralisation des adversaires, inauguré par leur affrontement mutuel. L'affaiblissement de deux familles de pensée puissantes, et porteuses à ses yeux — dans la radicalité de leurs raisonnements — de dangers manifestes était ainsi obtenu à bon compte. Cette logique n'est pas sans rappeler la fable de La Fontaine *Le chat, la belette et le petit lapin*.

Le parlement de Paris refusa d'abord de laisser

100

confisquer par le Conseil du roi la cause pour laquelle il s'était enflammé. Mais, le 3 février 1627, le roi fit convoquer une délégation de parlementaires, afin de leur exprimer sa volonté d'être obéi sans autre discussion. Les magistrats qui avaient défendu dans cette affaire la cause de l'absolutisme royal pouvaient se sentir injustement maltraités par les quelques mots de commandement du monarque : Richelieu prit alors la parole. Il commença par rappeler que le livre de Santarelli méritait bien d'être brûlé pour ses propositions « méchantes et abominables » et il ajouta : « Vous savez Messieurs, qu'il y a beaucoup d'esprits mélancoliques, à qui il importe grandement d'ôter tout sujet de penser que le roi est mal avec Sa Sainteté... parce que l'excès et l'ignorance de leur zèle les fait quelquefois tomber en des passions d'autant plus dangereuses que leur frénésie les leur représente saintes. » Des esprits mélancoliques, en proie au théâtre des passions : voilà pour les dévots ultramontains. La faiblesse intrinsèque de leur frénésie en fait des proies faciles pour les tactiques de dissimulation et les effets d'illusion. De l'autre côté, « il est à désirer que les mouvements des parlements soient semblables et uniformes à ceux du roi et de son Conseil. Vous direz peut-être Messieurs que si vous saviez les motifs et la raison des conseils du roi, assurément vous les suivriez. Mais à cela j'ai à répondre que le maître du vaisseau ne rend point de raison de la façon avec laquelle il le conduit; qu'il y a des affaires dont le succès ne dépend que du secret, et beaucoup de moyens propres à une fin ne le sont plus lorsqu'ils sont divulgués... »

C'est, à ma connaissance, la seule fois que Richelieu tire ainsi, publiquement, les enseignements d'un combat qu'il vient de mener dans l'ombre. Le saint cardinal de Bérulle s'était épuisé, de son côté, à tenter d'apaiser le conflit au nom des intérêts de la chrétienté et de ceux du royaume. Richelieu lui avait volontiers abandonné ce rôle de premier plan, se contentant, après l'épisode du formulaire imposé aux jésuites, de cette zone du secret efficace où se préparent les actions du « maître du vaisseau ». C'est une théorie de l'action qu'il livre ainsi, pour une fois, aux regards. Bérulle échouant dans ses missions de conciliation s'était, en quelque sorte, fait neutraliser par les adversaires affrontés. Au contraire, le secret, le retrait, la science de l'intervention indirecte ont permis au pouvoir de neutraliser les deux camps au départ insaisissables, car le combat, révélant la configuration de leurs forces, les a fait sortir du bois.

Dans ces deux affaires, l'abaissement du duc d'Épernon, l'affaiblissement des gallicans et des ultramontains radicaux, j'attribue un rôle déterminant à une force agissante et occulte. Lui donnant un nom — Armand Jean du Plessis cardinal de Richelieu —, je désigne un lieu où s'élaboreraient les stratégies cérébrales du pouvoir. Mais si cette force est réellement occulte, et sa main cachée, jamais je ne réussirai à apporter de preuve de la réalité de son action. Après tout, Sourdis a-t-il vraiment eu besoin de l'aide de son protecteur pour se venger des coups reçus? Le roi Louis XIII n'a-t-il pas réellement considéré, dans sa grande piété, qu'il s'agissait de défendre l'Église? La parution du livre de Santarelli n'a-t-elle pas engendré spontanément une succession de conflits, avançant, se nouant et se dénouant, selon leur dynamique propre? Au-delà du récit des deux affaires, que j'ai composé pour ce livre, et qui avance, *comme naturellement*, vers Richelieu, sur quoi mon hypothèse repose-t-elle? Dans un cas, sur la présence insolite d'un gros manuscrit dans les archives du cardinal et sur la certitude de l'hostilité de ce dernier à l'égard du gouverneur de la Guyenne (et de sa puissance excessive). Dans l'autre, sur les engagements contradictoires des proches du ministre, sur son intervention à propos du formulaire proposé aux jésuites et sur le résultat final qui paraît aller dans le sens de ce que l'on considère d'ordinaire comme sa politique. Et puis dans les deux cas, il y a l'impression, ou l'intuition, d'une certaine étrangeté. Pourquoi le pouvoir a-t-il réagi si vite, anormalement vite, contre

Épernon? Pourquoi une telle sévérité à l'égard de ce duc et gouverneur de province plutôt loyal? Au contraire, dans l'affaire Santarelli, pourquoi avoir laissé si longtemps s'exprimer les différentes positions, les camps se souder et se radicaliser? Par impuissance? La suite le dément. Pourquoi Richelieu est-il resté en retrait pour surgir, à la fin, au centre de l'affaire, dans la position et le vocabulaire de celui qui en aurait eu la charge, depuis le début?

Plus que la mise au jour d'indices positifs, compterait donc la découverte d'une série de bizarreries, d'incohérences, de paradoxes. Mais la réalité n'était-elle pas incohérente et les hommes de pouvoir ne s'épuisaient-ils pas à la poursuivre, à tenter de saisir les occasions, autant agis qu'acteurs? Ai-je bien pesé les risques? Par exemple, de développer sans le savoir une vision trop personnalisée du pouvoir, donc idéaliste, essentialiste. Par exemple, de faire la part trop belle au ‹ coup ›, voire au complot, c'est-à-dire à l'intention. Par exemple, de remplacer la solidité de la critique historique des textes par une menue monnaie de faits secondaires baptisés signes.

Si je dis, ‹ c'est parce qu'il est absent (qu'il semble absent : cela revient au même du point de vue de la preuve à trouver) que le pouvoir a une présence efficace › ou, d'une manière plus provocante ‹ il est présent en tant qu'absent ›, alors je renonce à porter la lumière dans la zone obscure, derrière le voile (n'oublions pas Champaigne). J'ouvre plutôt sa réserve d'ombre qui vient manger la clarté des premiers plans. Avec, pour seul réconfort, la certitude de faire l'inverse des biographes.

A longueur de pages, ils fabriquent de la présence. Entre deux beaux morceaux d'érudition, entre deux dossiers, ils mettent du liant qui rend leur héros présent. C'est la technique du roux (blanc, blond ou brun : béchamels, matelotes, marinières, civets) : on fait prendre la sauce avec de la psychologie. L'avarice, l'orgueil, l'amour, le dépit, la jalousie, l'ambition, l'intelligence, la bêtise, etc., autant de catégories implicites, supposées traverser le temps, qui font avancer les récits historiques et tout particulièrement les récits de vie. Difficile d'y échapper. Pourquoi Richelieu? Voyez son enfance, son attachement à sa mère et, après, l'étrange relation nouée avec la reine mère puis le roi, relation faite de domination et de soumission. Pourquoi Mazarin? Pourquoi une ascension inexpliquée? Pourquoi devient-il le candidat de la France au cardinalat, et parrain du roi, et Premier ministre? Tout s'enchaîne à partir de la rencontre avec Richelieu. A partir du coup de foudre pour le génie. Mais le génie en question, si génie il y a, qu'en dire qui ne soit pas *ailleurs*, hors de l'instant et de l'espace de sa présence efficace?

Si l'on veut parler du pouvoir des hommes de pouvoir, c'est peut-être du pouvoir qu'il faut vraiment parler, et de là qu'il faut vraiment partir. Retour à la dissimulation, au secret, à l'absence, aux citadelles vides, avec simplement les traces qu'elles viennent d'être abandonnées. Des traces menues et de tout petits faits. Tenir de tout petits faits, en faire le tour. Identifier des micro-actes de pouvoir. Et, de là, céder à une logique d'extension d'échelles, postuler une homologie entre un petit acte simple et une suite complexe d'actions. Le postulat — il faut bien en assumer un — c'est alors que le pouvoir se livre tout entier comme pouvoir, dans l'accomplissement de chaque coup de force, même minuscule.

Pensons à nouveau au tableau de Champaigne, à la solidarité entre l'éclat du premier plan et la pénombre qui baigne le second. Devant le voile, ces paroles de Richelieu : « on ne peut m'attribuer aucune gloire pour toutes les grandes et signalées actions qui sont arrivées depuis deux ans en ce royaume, si ce n'est parce que les grands rois prennent souvent plaisir de faire part des honneurs, qui n'appartiennent qu'à eux seuls, à leurs plus confidentes et fidèles créatures, ainsi que le soleil communique sa lumière aux autres astres, qui d'eux-mêmes n'en ont point. La seule gloire que je prétends en ce monde est de servir sous un si grand et si glo-rieux prince, comme est celui que Dieu a donné à la France ». De l'autre côté de la tenture, Jean Chape-lain qui vient d'écrire un sonnet sur la prise d'Arras

(1640), commandé par le cardinal. Au moment d'envoyer son œuvre à son patron, il s'inquiète d'éventuels impairs et explique ses intentions à l'abbé de Boisrobert qui approche Richelieu presque quotidiennement et sert d'intermédiaire :

> Vous m'obligerez aussi de témoigner à Son Éminence qu'ayant d'abord pensé à lui attribuer l'honneur de cette conquête et de la rapporter tout entière à ses soins glorieux et à cette prudence divine, à qui en effet elle est toute due, je me souvins de la modestie avec laquelle Elle refusa, il y a cinq ou six ans, que je parlasse d'Elle, sur des matières dont le mérite lui était commun avec Sa Majesté, et je considérai que sur celle-ci même, Elle n'avait pas souffert que dans la *Relation* succincte de ce siège et de cette prise, il y fut fait aucune mention d'Elle, comme ne voulant pas seulement donner ses veilles et ses travaux au Roi, mais encore sa propre gloire. Cela me détermina à ne point nommer S. E. dans le sonnet, mais le Roi seulement, sachant d'ailleurs que ce procédé de ses serviteurs déclarés comme moi étant une marque visible de sa modération, ce silence lui était plus avantageux que les plus éclatantes louanges, pour ce qu'il ne lui fait point perdre les louanges qu'Elle mérite et qui sont naturelles à ses grandes et éclatantes actions, et qu'il fait croire de plus que si Elle les fait, c'est pour elles-mêmes, et non pas pour en être loué.

Bien qu'écrite après, la lettre de Chapelain fait entendre dans les paroles de Richelieu autre chose

que ce qu'elles disent. Il faut évidemment la bruta-
lité du verdict (la conquête d'Arras doit être *tout
entière* mise au crédit du ministre) pour comprendre
la force du choix de ne pas dire un mot de ce conqué-
rant et de consacrer l'ensemble du sonnet au roi. Et
cela au nom du service. Si l'on est un *serviteur déclaré*
du ministre, faire silence sur cet ombrageux patron
est une manière (élégante et prudente) d'en parler. Le
procédé, comme le dit limpidement (naïvement?)
Chapelain, revient à *faire croire*, à susciter de la foi
dans l'omnipotence du cardinal absent. L'absence
devient alors une forme supérieure de présence.

Envisageons d'un même regard les petites ruses
quotidiennes du pouvoir. Le 26 août 1637, Richelieu écrit une lettre au maréchal de Châtillon, chargé
du siège de Damvilliers. Il lui annonce un envoi
d'argent, de troupes, de chevaux, d'artillerie et il
ajoute : « Ainsi rien ne vous manquera de notre part ;
je m'assure que vous n'oublierez rien de la vôtre...
Continuez le plus diligemment que vous pourrez le
siège de Damvilliers. » Or le siège de Damvilliers
venait d'être levé (la nouvelle en était tout juste
connue). Le même 26 août, le secrétaire d'État à la
guerre, François Sublet de Noyers, écrivait lui aussi
au maréchal de Châtillon : « Son Éminence a été
extrêmement étonnée de ce que ses lettres vous ont
fait suspendre votre dessein de Damvilliers où il vous
croyait attaché. » Les deux lettres partent par le

même courrier. Châtillon les recevant aura tendance à croire que la première était déjà écrite quand la nouvelle de la levée du siège est arrivée à Paris. Il ne percevra alors le mécontentement du Premier ministre qu'à travers l'écho donné par le secrétaire d'État. L'annonce de l'arrivée de renforts lui montre l'étendue de sa bévue. Il n'a plus qu'à retourner au plus vite devant Damvilliers.

Le 3 septembre suivant, le secrétaire d'État écrit de nouveau à Châtillon : « Son Éminence croyait que vous fussiez devant Damvilliers plus tôt, et l'on lui avait dit que la tranchée était déjà ouverte, ce qui m'a empêché de lui bailler votre lettre que je vous renvoie. Vous trouverez bon s'il vous plaît que j'en aie usé de la sorte pour votre contentement... » De Noyers prétend ainsi avoir détourné la lettre annonçant la levée du siège, Richelieu n'apprenant la nouvelle que par des voies indirectes.

Il est très peu vraisemblable qu'un secrétaire d'État ait osé dissimuler à Richelieu une lettre que lui adressait un général d'armée. Que Châtillon ait été dupe ou non ne change rien : laissant le cardinal en retrait, cette mise en scène permettait de garder sa force en réserve et, par là, d'en préserver la menace et le mystère. La force agissante du pouvoir ne réprimande pas, elle foudroie; on ne saurait s'adresser impunément à elle, surtout pour lui faire part d'une action en contradiction directe avec les derniers ordres transmis. La véritable rouerie repose sur la date, le moment précis où l'arrivée des renforts a été annoncée. Châtillon peut bien penser que Richelieu a voulu le ménager en ne lui faisant part qu'indirectement de son mécontentement. Il aura plus de mal à soupçonner que la décision de lui envoyer des renforts n'a été prise qu'après la nouvelle de son renoncement.

De petits coups de force, de petits pièges, de menues mises en scène : tout cela foisonne dans les archives du cardinal, depuis les discours rédigés en deux versions (contradictoires) jusqu'aux fausses nouvelles adressées aux ambassadeurs à l'étranger. Une grande partie de ces *manières de faire* appartient à l'art du diplomate. Cependant, la tactique de l'absence efficace ne se résume pas à cette banalité. Elle se nourrit, en effet, de la subtilité de l'association entre Louis XIII et Richelieu. Je veux dire de la subtilité de la configuration originale du cœur — et sanctuaire — de l'État. Le pouvoir se divise, en fait, en deux puissances : le monarque chargé d'incarner la blancheur des lys (une puissance en voie de sacralisation, déchargée du péché du pouvoir), le ministre, force agissante, en retrait, sans existence institutionnelle. La perfection royale garantit à la force agissante sa liberté d'action ; en retour, la force agissante donne à la perfection l'occasion de se manifester comme telle.

Nous aurions tort de croire que la force agissante a cessé d'opérer le 4 décembre 1642, à la mort du cardinal. Elle continue à se manifester dans le catalogue général des livres imprimés de la Bibliothèque Nationale. Richelieu y occupe, comme auteur, dix-sept colonnes totalisant cent trente-six items. Il faut, bien sûr, faire la part des différentes éditions d'une même œuvre et celle aussi des erreurs d'érudits et de bibliographes. Il est ainsi absurde d'attribuer à Richelieu *Mirame*, la pièce de Desmarets de Saint-Sorlin. D'autre part, il a bien fallu, il y a longtemps déjà, renoncer aux trop belles *Instructions et maximes que je me suis données pour me conduire à la cour*. Mais, si l'on excepte la correspondance et les livres d'avant 1624, tout le reste est douteux, qu'il s'agisse des *Mémoires*, des œuvres théologiques signées de son nom, du *Journal* publié pour la première fois en 1648, de modestes opuscules ou du fameux *Testament politique*. La possible (mais pas toujours certaine) participation de Richelieu à l'élaboration de ces divers ouvrages pose la question du sens du mot auteur au XVIIe siècle. La notion d'auteur – *authorship* : le mot anglais est plus net – n'échappe pas à l'histoire et a donc pu se trouver investie de contenus variables.

Reste le constat de la survie de la force agissante.

On a beaucoup fait crédit au cardinal. Tous les ouvrages qu'il avait signés lui ont été attribués sans discussion, ou presque. Plus étonnant, beaucoup d'érudits, d'ordinaire sourcilleux, ont très facilement considéré tout ce qui s'était écrit autour de lui, souvent à partir de ses archives, comme autant d'œuvres authentiques. Certains détails semblaient pourtant montrer que plusieurs de ces textes avaient été produits après sa mort, on n'y prêta guère d'attention, préférant se fonder, en un bel acte de foi, sur l'évidence des traces du génie, la fameuse « griffe du lion ». Le doute a fini par l'emporter pour les *Mémoires*, ce qui n'empêche pas qu'une récente édition y reste tout à fait sourde. Quant au *Testament politique*, l'orthodoxie savante veut encore, dur comme fer, qu'il ait été conçu par Richelieu. Le débat n'est pas totalement tranché, mais les arguments émis dans le sens du doute par Edmond Esmonin – grand érudit s'il en fut – n'ont jamais été sérieusement réfutés par les cardinolâtres.

Indice de force encore agissante : la grande enquête réalisée en 1985 (pour le quatre centième anniversaire de la naissance de Richelieu) auprès des hommes politiques du moment, de droite, du centre et de gauche. On leur demandait de trouver, dans les œuvres du cardinal, une pensée susceptible d'inspirer leur conduite et leurs choix politiques. Tous y sont allés, au mieux, d'une petite phrase tirée du *Testa-*

112

ment, ou plutôt d'extraits du *Testament* mille fois reproduits. Impossible de leur reprocher ignorance ou approximations (bien naturelles). C'est plutôt la survie de cette sorte de savoir qui est éloquente et paradoxale. Et plus encore la transparence de l'image transmise, s'agissant du ministre à la main cachée.

Car c'est là, dans l'écriture, que ce thème de la main cachée peut trouver l'un de ses plus solides soubassements. Si l'on passe de la question des œuvres de Richelieu à celle de son écriture, non pas de son style mais de sa graphie, on découvre immédiatement que les certitudes ont fondu et qu'il reste le doute et la modestie des trouvailles. D'un érudit à l'autre, la même constatation : le prédécesseur aurait échoué dans sa tentative d'identification de ce qui serait *vraiment* sorti de la plume du cardinal. Cette longue série commence peu de temps après la mort de Richelieu et s'achève avec la disparition, en 1944, dans le bombardement de Saint-Malo, du dernier éditeur sérieux des *Mémoires*, Robert Lavollée.

Cet érudit a entrepris une longue traque de la « main » de Richelieu, de sa véritable écriture. Il a d'abord constaté que les « autographes » du cardinal, publiés ici ou là, étaient presque tous des faux. Le grand Avenel lui-même, éditeur des *Lettres, instructions diplomatiques et papiers d'État*, se serait souvent trompé, donnant, par exemple, comme spécimen de l'écriture de Richelieu, un fac-similé dans lequel

113

Lavollée reconnaît la main d'un secrétaire. Mieux encore, dans la salle du musée des Archives nationales, on a longtemps exposé trois lettres, présentées comme autographes, mais, en réalité, écrites aussi par des secrétaires.

L'enjeu de cette recherche de la graphie authentique était d'abord de trouver des preuves irréfutables de la participation du cardinal à la rédaction des œuvres publiées sous son nom. Mais elle pouvait aussi offrir une méthode cohérente permettant de repérer les interventions directes du ministre dans le travail politique quotidien et de saisir ainsi une trace certaine de son passage dans telle ou telle affaire.

Robert Lavollée a adopté une démarche simple : trouver quelques lignes indiscutablement autographes ; à partir de là repérer les particularités les plus fines de cette écriture (ce qu'il nomme les habitudes graphiques : manières de ponctuer, de pointer les *i*, d'accentuer, de se situer par rapport aux marges, etc.) ; enfin utiliser ce noyau pur comme modèle auquel confronter les centaines de milliers de pages des papiers de Richelieu. Tout repose donc sur l'évidence de l'authenticité du modèle. Cette évidence était moins facile à obtenir qu'il n'y paraissait au premier regard.

Une présence désagréable venait d'abord troubler le travail de déchiffrement. Lavollée avait commencé par identifier l'écriture des différents secrétaires de

Richelieu, un petit groupe dont il avait acquis une connaissance fort précise. Mais il constatait la présence d'une écriture trouble-fête, entre 1616 et 1630. Ce n'était celle d'aucun secrétaire connu et, en aucun cas, celle du cardinal. Mystère. Pour apprécier le problème dans toute sa complexité, il faut ajouter que les secrétaires imitaient l'écriture de Richelieu. Ils étaient ce qu'on nommait alors des « secrétaires à la main ». Or l'écriture mystérieuse apparaissait aussi comme la meilleure imitation. Lavollée écrit : « De tous les secrétaires de Richelieu, le plus habile à imiter sa main fut assurément un personnage, inconnu jusqu'ici, dont l'écriture a toujours été prise pour celle de Richelieu. Nous aurions bien voulu mettre un nom sur cette physionomie mystérieuse. »

Résumons : pendant quinze ans une main inconnue a écrit pour Richelieu. Ce n'est ni la sienne ni celle d'un secrétaire. Tous, en effet, ont été identifiés — et Lavollée les connaissait mieux que personne, ayant établi la date de leur entrée en fonction, de leur départ, leurs attributions précises. Cette main sans nom se dessine donc comme une grande ombre menaçant tout système de preuves graphiques.

Quant au morceau incontestable, le patron de l'écriture cardinalice, il fut enfin rencontré dans une note au bas d'une lettre : « J'ajoute ces trois mots de ma main pour assurer Mr d'Estrades de mon affection et de mon service », signé : le cardinal de Richelieu. L'érudit peut conclure benoîtement : « Ce document apporte avec lui la preuve même qu'il est autographe. » « Ces trois mots de ma main » : comment ne pas prendre cette formule au sérieux (puisqu'*il* le dit lui-même), comment ne pas le croire sur parole ? Mais c'est alors adhérer à l'action de persuasion produite par « ces trois mots » et se mettre à la place du destinataire de la lettre. Car la note ajoutée n'a pas d'autre objet que d'énoncer sa propre authenticité, d'en faire la preuve de l'« affection », et, en quelque sorte, de garantir la signature. En fait de preuve, il s'agit encore d'accomplir un acte de foi.

Et notre foi vacille quand nous lisons le texte d'un modeste billet transmis par le cardinal à Charpentier, son secrétaire favori : « Je vous envoie aussi une lettre que j'écris à Mr le Connétable, avec un papier que j'ai signé, afin que vous le récriviez de la main avec laquelle j'ai accoutumé de lui écrire. » Comprenons bien cette phrase un peu ambiguë. Richelieu demande à Charpentier de recopier, sur une feuille en blanc qu'il a signée, le texte d'une lettre qu'il adresse au vieux connétable de Lesdiguières. Il pourrait expédier la lettre qu'il a lui-même écrite, mais elle n'est pas « de la main avec laquelle il a accoutumé de lui écrire ». Autrement dit, il est incapable d'imiter le simulacre de son écriture que son destinataire considère comme son écriture authentique. S'il envoyait le modèle transmis au secrétaire, Les-

116

diguières pourrait le prendre pour une imitation et s'en trouver vexé.

A partir de là, le critère des habitudes graphiques devient très fragile. Le secrétaire « à la main » imite l'écriture du maître. S'il imite si bien, il doit avoir parfaitement assimilé les caractères graphiques de l'écriture imitée. Pourquoi alors néglige-t-il certains d'entre eux, parmi les plus facilement imitables, comme l'absence de point sur les i. Une seule réponse possible : la présence de points fait partie de ce que le destinataire va reconnaître et authentifier comme « la main » du cardinal. Mais pour un autre destinataire – à commencer par Robert Lavollée –, l'absence de *i* pointés constituera le critère d'authenticité. Peut-être en est-ce d'ailleurs réellement un, mais jamais personne ne le prouvera.

Reste une question troublante. Pourquoi les secrétaires « à la main » imitaient-ils l'écriture de Richelieu, non seulement sur les originaux des lettres, mais aussi sur certaines des minutes conservées dans les archives du cardinal? Est-ce encore une question de destinataire? S'agit-il de servir le même simulacre à ceux qui avaient, ou auront, accès aux archives, afin de laisser croire à l'omniprésence du ministre? Ou bien l'imitation collait-elle à ce point à la plume des secrétaires qu'elle en était devenue presque spontanée? Ou bien encore s'agissait-il, de leur part, d'une sorte de marque implicite de déférence à l'égard d'un maître vénéré? Ou peut-être d'une commodité de classement? Ou d'un archivage de la « main », en même temps que du texte, en vue d'une utilisation future?

Toute ces questions se ramènent à une seule, fondamentale : à quel usage les archives du cardinal étaient-elles destinées? Nous sommes encore incapables de répondre clairement et globalement à cette question. La gestion des archives faisait-elle partie de la gestion du pouvoir? Il faudrait alors renoncer à y trouver, et à y chercher, des transcriptions limpides des secrets de l'action. Elles seraient, au contraire, pleines, elles aussi, de fausses évidences et de calculs retors, destinés à brouiller les pistes. Plus simplement, sans aller aussi loin sur la voie du soupçon, on peut admettre une *harmonie*, un alignement des pratiques entre gestion des actions et gestion des écritures. D'autant mieux que l'écriture est évidemment un moyen, un support, un intermédiaire entre un projet et sa réalisation. Un outil, une arme. La main reste cachée comme le ministre reste en retrait, avant ou pendant l'action, pour garantir le plus de liberté possible à la force agissante.

Richelieu n'est pas un acteur de l'ombre. Il dissimule ou tient en retrait sa présence pour mieux préparer l'exhibition de la force et l'ostentation de sa puissance. Il y a cependant des circonstances où cette finesse tactique paraît en défaut. On ne comprend pas pourquoi il s'expose d'une manière apparemment inutile, voire déplacée. Que dire de ce soudain manque de réserve, dans l'animosité par exemple? Faut-il revenir aux intuitions (ou divagations) romantiques de l'homme rouge? Les catégories morales et transhistoriques finiraient-elles donc par revenir par la fenêtre, quand on les a chassées par la porte : vengeance, ressentiment, perte du contrôle de soi?

Le procès du maréchal de Marillac suscite ce genre de perplexité. Après la défaite du parti de la reine mère, dont il était, avec son frère le garde des sceaux, un des personnages centraux, le roi avait ordonné son arrestation à l'armée d'Italie. Il fut transféré en France et son procès commença à Verdun. On l'accusait de concussion et de malversations diverses dans la gestion des deniers de l'État, principalement pour la construction de la citadelle de Verdun, qu'il avait supervisée. L'accusation était à ce point fragile qu'un premier tribunal d'exception – une de ces commissions *ad hoc* créée pour juger les ‹ criminels d'État › – ne sut pas en venir à bout.

Qu'à cela ne tînt. Le prisonnier fut à nouveau transféré. Cette fois-ci à Pontoise où on le logea, étrange prison, dans un château appartenant à Riche-

119

lieu. Une seconde commission se mit à l'œuvre : les
« créatures » du cardinal – des personnages ouvertement connus comme tels – firent une majorité parmi
les vingt-quatre juges. Malgré cela, Pontoise apparut
bientôt comme un lieu peut-être moins propice
qu'on ne l'avait espéré. Une nièce de Marillac y était
carmélite et elle y jouissait d'une grande popularité.
Décision fut alors prise de déplacer une fois encore le
tribunal. Il siégea désormais à Rueil, dans la rési-
dence même de Richelieu. Pareille mesure apparut
alors exorbitante et, à beaucoup, scandaleuse. Elle
semblait fortifier à plaisir les arguments avancés par
Marillac dans une requête adressée au parlement de
Paris, son « juge naturel », dessaisi au profit du tribunal d'exception :

> Le suppliant a enfin découvert que c'était M. le
> cardinal de Richelieu même qui lui avait tramé cette
> accusation, et que ledit cardinal est, en effet, sa seule
> et vraie, mais couverte partie, passionné qu'il est de
> venger à toute outrance les injustes défiances par lui
> trop légèrement conçues contre le garde des sceaux et
> le sieur de Marillac, son frère. Car qui est l'homme
> aujourd'hui assez puissant dans l'État qui eût pu
> bouleverser comme on a fait, l'ordre de la justice,
> ravir au premier parlement de France un officier de
> la couronne, faire établir une chambre particulière,
> faire gagner, pratiquer et corrompre presque tous les
> témoins, sinon ledit cardinal de Richelieu qui peut
> tout ce qu'il veut?

Le 8 mai 1632, par treize voix contre dix, les juges choisirent la mort. L'arrêt fut dressé le 9 et le maréchal exécuté en place de Grève le lendemain.

Pourquoi tant d'acharnement de la part de Richelieu? Qu'on m'entende bien, je ne m'étonne pas que le cardinal ait voulu et obtenu la mort de son ennemi, mais plutôt qu'il ait laissé tant de signatures. Pourquoi, cette fois-ci, s'est-il si mal abrité derrière le roi? Pourquoi a-t-il pris le risque de donner raison à Marillac dans le présent (la requête au parlement de Paris) et dans l'avenir (dans une adresse pathétique à ses juges, le maréchal avait prédit : « la vérité se fait voir en son temps; si celle du mien me condamne et met ma réputation dans un même tombeau avec moi, un vieil mémoire ou un manuscrit déterré la fera revivre quelque jour »)? Richelieu, nous l'avons vu, se souciait des « manuscrits déterrés ».

En général, les historiens mettent en avant une explication par les circonstances. La fuite de la reine mère, bientôt rejointe par son fils Gaston d'Orléans, le frère du roi, hissait Marillac au rang d'enjeu (de martyr à sauver) pour une guerre civile devenue tout à coup menaçante. Cette hypothèse, en réalité très discutable, ne dit rien de la *manière*. Si l'on écarte les suppositions, plus discutables encore, d'une « panique » de Richelieu, d'un aveuglement lié au

121

seul souci de la vengeance, ou à une volonté implacable de se débarrasser d'un homme qui savait tout sur ses débuts politiques (ce qui ne dirait rien non plus de la *manière*), il reste à constater la coexistence des trop visibles signatures et de la main cachée. Comme le remarquait le maréchal déchu, Richelieu, depuis la défaite de ses ennemis et la réaffirmation solennelle de l'association avec Louis XIII, « peut (presque) tout ce qu'il veut ». Admettons donc qu'il a voulu laisser sa signature sur cette iniquité, la liquidation de Marillac. S'agissait-il de mettre en scène la force terrible de la violence d'État, prête à s'affirmer — dans la certitude de sa légitimité — contre le droit et contre les privilèges des officiers et agents de la monarchie? S'agissait-il de faire porter aux épaules du cardinal un peu plus du péché du pouvoir, afin que cette noirceur souligne la disposition débonnaire du roi à respecter d'*ordinaire* les formes, et exalte ainsi sa patience, sa sincérité, sa charité, sa grandeur? La main cachée (savoir sa présence toujours possible, jusque dans les signes apparents de l'absence), interdit de risquer de vaines et présomptueuses réponses.

IV

LE CARDINAL DE LA ROCHELLE

Richelieu au siège de La Rochelle, face à la mer, en bottes et cuirasse, examinant les plans de la digue en construction ou scrutant à l'horizon, debout sur la digue achevée, l'approche de la flotte anglaise. Qui n'a jamais rencontré cette image dans une salle de classe, un manuel scolaire, une plaque de chocolat (du temps où l'on trouvait des images dans les plaques de chocolat), en feuilletant un dictionnaire ou un vieux livre d'histoire? Ses adversaires l'avaient surnommé le cardinal de La Rochelle, par dérision quand, dans les années précédentes, il avait négocié ou renforcé des alliances avec certains états protestants et envoyé une armée déloger les soldats du pape en Valteline. Le siège de La Rochelle, commencé et mené, d'un bout à l'autre, sous son commandement, faisait changer de camp à la dérision et de sens au sobriquet. Comme le proclamait un poème, « cardinal de La Rochelle » signifiait désormais « cardinal de la France ».

Les récits du siège de La Rochelle, et surtout de la fin du siège, sont des recueils d'images. Le bon livre de François de Vaux de Foletier, paru en 1931 (et intitulé *Le Siège de La Rochelle*), a été largement utilisé (et parfois tout simplement recopié) par ses successeurs. Son dernier chapitre repose, avant tout, sur le récit d'un historien rochelais du XVIIe siècle, et sur de courtes relations imprimées largement diffusées dans le royaume, au lendemain même de la reddition. Ces livrets, presque seuls, donnent des détails précis sur les gestes, les paroles, les rituels de la soumission et du pardon. Mais ils diffusent aussi la version du vainqueur. Les images de victoire et de défaite qu'ils proposent sont devenues impunément la matière des récits des historiens, délestées simplement des adjectifs qui indiquaient clairement leur statut et exhibaient leurs jugements de valeur surannés.

Inévitablement, l'évocation des derniers jours de lutte nous entraîne dans un univers de vignettes édifiantes, un peu défraîchies mais capables encore de serrer la gorge de celui qui a ouvert, par désœuvrement ou curiosité, le vieil album. Avant le siège, La Rochelle comptait plus de vingt mille habitants, après, il en restait tout au plus cinq mille. Un certain nombre avait quitté la ville à temps, d'autres furent expulsés. Mais il y eut, à coup sûr, plus de dix mille morts. Morts de faim et de maladie. Souvent, nous cherchons à nous représenter les hommes du passé. De quoi avaient-ils vraiment l'air? Jusqu'à quel point leurs corps étaient-ils différents des nôtres (pas de dentistes, d'orthopédistes... ni d'imperméables, mais de la malnutrition, des fièvres, etc.)? Nous n'avons, en ce cas, pas de mal à imaginer les survivants, « plutôt des ombres de la mort que des vivants, avec des yeux hâves et enfoncés », nous les avons vus dans *Nuit et brouillard*.

Les vainqueurs qui eurent à décrire, avec des mots, la soumission des vaincus et la clémence de Louis le Juste, surent rapidement trier entre les images disponibles. Cependant, dans les premiers textes, quelques détails inutiles ont réussi à passer la porte. L'un suspend à chaque fois ma lecture : une de ces *relations* note, après avoir décrit les cadavres sans sépulture, les corps épuisés et les cas de cannibalisme, « nous avons vu des petits enfants bien beaux et y avait encore quatre vaches que l'on gardait pour eux ». Les quatre vaches de La Rochelle, entretenues à portée des yeux et peut-être des mains des affamés, pour nourrir les enfants, valent bien le poignard jeté sur la table par le maire Guiton qui promettait de le plonger dans le cœur de quiconque parlerait de se rendre. J'aimerais savoir – sans trop y croire – que les quatre vaches calvinistes ont été comprises dans l'amnistie et n'ont pas immédiatement, pour prix de leur dévouement, rencontré le couteau des bouchers. Peut-être le cardinal, pour une fois distrait, n'a-t-il pas songé qu'elles avaient pu préserver les assiégés du désespoir, et se trouvaient donc coupables de soutien à leur résistance obstinée (il avait refusé de laisser sortir des femmes et des enfants pour ne pas soulager les combattants de bouches inutiles).

Changeons de vignette. Richelieu commande; devant La Rochelle se joue son destin. Carl Burckhardt — une autre figure de diplomate-historien auteur d'un *Richelieu* (paru en 1961) — croit le voir : « Chaque jour, il se rendait en un point de la côte, hors d'atteinte de l'artillerie, pour hâter les progrès de l'ouvrage qu'il faisait dresser contre les éléments afin de vaincre la résistance des hommes. Par les froids matins d'hiver, monté sur son cheval noir, une cuirasse sur sa robe de pourpre, pâle, l'œil sombre et sourcilleux, il frappait l'imagination du poète Malherbe. On eût dit le génie de ces temps chevauchant dans la campagne désolée pour élever une nouvelle digue contre les forces spirituelles énormes que le xvie siècle avait libérées. » La digue, destinée à affamer la ville, concentre l'attention. Depuis trois siècles et demi, elle symbolise l'énergie, la volonté politique, l'intelligence de la technologie guerrière, faisant oublier la boue des tranchées, la précarité des cantonnements, l'ennui du roi et des courtisans. On y voit Richelieu, debout, « un Quinte-Curce à la main, lisant le second et le troisième chapitres du qua-

126

trième livre de cet historien, qui décrivent une entreprise semblable exécutée par Alexandre pour la prise de Tyr ».

La guerre avait fait naître deux villes utopiques. La cité calviniste, derrière ses murs, avec sa police des vivres, ses solidarités obligées, sa république de fer. Tout autour, les armées du roi, plus de trente mille hommes dont l'installation avait attiré toutes sortes de marchands, de petits métiers, nécessité la construction de magasins, d'entrepôts, de chapelles. Richelieu, avec le fidèle Henri de Sourdis pour adjoint, assumait la responsabilité de l'armement, de l'habillement, du logement de la troupe. Il avait fait édicter des règles sévères peu habituelles aux soudards des armées d'antan. Les pilleurs, voleurs, violeurs étaient pendus sur l'heure. La solde des officiers et des soldats était régulièrement versée (pratique exceptionnelle). Tous les biens (nourriture ou autres) achetés alentour étaient réellement payés à leur prix. Mieux encore, on combattait les risques d'épidémie, et des revues régulières, de jour en jour, empêchaient les troupes de divaguer.

Un cardinal commandait à des maréchaux. La messe était dite tous les jours devant les soldats et, souvent, Richelieu officiait, donnant la communion aux chefs de corps. Il avait aussi fait venir une armée de capucins, sous le commandement du Père Joseph. Ils quadrillaient le camp, confessaient, catéchisaient.

Constamment la bure des moines se mêlait aux chamarrures des uniformes. L'alcool, le jeu, les prostituées – autant dire l'ordinaire des cantonnements – se trouvaient bannis. Prêtre-soldat, telle était la posture de Richelieu à La Rochelle. La cuirasse pardessus la soutane rouge n'était ni fortuite, ni purement utilitaire, elle marquait la force d'un symbole, avec la netteté d'un manifeste.

Le 26 octobre 1628, le maire de La Rochelle et ses conseillers se résolurent enfin à capituler, après plus de treize mois de siège. C'est un prisonnier de guerre qui fut chargé de porter la nouvelle au camp royal. Un conseil se réunit immédiatement pour décider du traitement à infliger aux révoltés. Certains des participants à cette réunion, fut-il dit ensuite, tenaient pour un châtiment exemplaire. Richelieu intervint pour prêcher la clémence : vie sauve pour les survivants, liberté religieuse, biens préservés du pillage, mais murailles rasées et privilèges urbains abolis avec suppression du corps de ville. Cet avis modéré l'emporta.

Le lendemain, quatre députés de la ville furent admis à rencontrer le cardinal. Ils prétendaient encore négocier le sauvetage des plus précieuses immunités urbaines. Le vainqueur refusa toute discussion et leur laissa vingt-quatre heures pour une soumission sans condition. Ils revinrent le lendemain. Richelieu leur avait ménagé une petite mise en scène : une rencontre avec les envoyés de la ville en Angleterre, qui avaient déjà obtenu leur grâce. Cette dernière défection fit son effet. Il restait à évoquer les gestes, les paroles, les séquences de la soumission. Pas un détail ne fut négligé. Un traité fut enfin rédigé. Mais ni le roi ni le cardinal ne le signèrent pour ne pas se trouver dans la position d'avoir négocié avec des sujets. Seuls, deux maréchaux de camp apposèrent leur paraphe.

Le dimanche 29, il fallut appliquer ce qui avait été décidé. Les représentants de la ville devaient être reçus par le roi, demander leur pardon, et l'entendre, accordé, de sa bouche. Ils furent conduits à travers le camp par le maréchal de Bassompierre qui leur offrit des chevaux, tant ils paraissaient avoir de mal à marcher. Ils durent mettre pied à terre à cent pas de la salle du trône improvisée. Richelieu les accueillit, entouré du garde des sceaux et des membres du conseil, pour les mener au roi. Dès l'entrée, ils se mirent à genoux et leur porte-parole en appela à la royale pitié. Le souverain répondit qu'il accordait son pardon, malgré les « inventions et malices » déployées pour se soustraire à son obéissance. Le lendemain, les habitants déposèrent leurs armes à l'hôtel de ville et un premier contingent pénétra dans la cité vaincue.

Burckhardt, qui fut l'un des responsables du Comité international de la Croix-Rouge pendant la Seconde Guerre mondiale avant d'en devenir le président de 1944 à 1948, exprime son enthousiasme d'expert et d'historien : « L'occupation de la ville se fit avec une discipline de fer. Nulle violence, nulle bagarre. Les uns après les autres défilent les corps de troupe en silence. On n'entend que les commandements ; ce qu'on voit, c'est la force, dans son écrasante simplicité ; nulle part elle n'agit pour punir. Derrière les troupes viennent les transports de vivres : on veille scrupuleusement à ce que rien ne soit vendu au-dessus des prix pratiqués dans le camp. Pour l'époque, un tel comportement, si humain, étonne. Les députés reçus par Richelieu lors de la première entrevue et rentrés dans les murs pour y vivre les dernières heures de leur autonomie avaient dépeint le cardinal sous des traits qui avaient soulevé la surprise, l'indignation, l'incrédulité. Richelieu, dirent-ils, avait jugé leur cas avec modération et sympathie, c'était lui le véritable artisan de tout ce dénouement, lui qui avait conçu l'extraordinaire ouvrage qu'était la digue, lui qui avait créé l'armée, force sans pareille, lui qui avait tout fait. En tout, jusque dans le plus petit détail, se manifestait son génie. Quelque grief qu'on pût avoir contre lui, il fallait saluer sa grandeur. »

Le roi attendit le jour de la Toussaint pour faire son entrée. Le matin, Richelieu célébra la messe dans l'église Sainte-Marguerite rendue au culte catholique. Il donna la communion aux chefs de l'armée, en commençant par le maréchal de Bassompierre, celui à qui il écrivait quelques semaines plus tôt : « Monsieur, cette lettre est pour savoir si vous prétendez que j'aie commandement en cette armée ou non. Si vous le prétendez, vous obéirez s'il vous plaît à l'ordre que j'ai donné... Si votre prétention n'est pas telle, puisque celle du roi est autre, vos pensées n'empêcheront pas que je sois obéi, ne désirant pas que la patience que j'ai eue en plusieurs occasions empêche en celle-ci que le service du Roi ne soit fait selon que le bien de ses affaires le requiert. »

L'après-midi de la Toussaint, vers deux heures, le roi qui avait touché les écrouelles avant de quitter le camp, s'approcha enfin de la ville. Les fantassins faisaient la haie. Richelieu marcha à sa rencontre et prit place dans le cortège, derrière l'infanterie commandée par son colonel général, le duc d'Épernon, derrière les mousquetaires à cheval et les chevau-légers. Il était lui-même à cheval, seul, juste devant le roi. Devant la porte de la ville, les notables rochelais avaient eu ordre d'attendre, à genoux, et de crier « Miséricorde ! » au passage du roi. Ce dont ils s'acquittèrent fort bien.

Le récit de Burckhardt a la particularité de faire chanter les mérites du vainqueur par les vaincus.

L'historien suisse reprend ainsi à son compte la version qui convenait le mieux au cardinal. Cette prétention du vainqueur se découvrait dans les relations diffusées partout en France, juste après l'événement, mais on la rencontre encore quatre ans plus tard, à l'occasion de la visite de la reine Anne d'Autriche.

Novembre 1632. Richelieu avait prévu d'accompagner la reine à La Rochelle. Mais, nous le savons, après l'intermède de Cadillac, il avait été cloué à Bordeaux par la maladie. La reine et sa cour continuèrent seules le chemin. Ceci n'empêchait pas qu'avant la rétention d'urine, le ministre eût tout organisé. Il avait conçu un projet d'entrée solennelle, expédié à La Rochelle Henri de Sourdis avec mission de prendre tout en main. Et, en plus, il avait payé, de ses deniers : une *entrée*, cela coûtait fort cher.

L'étape rochelaise d'Anne d'Autriche fut un plein succès. Richelieu n'avait pas été là mais, ses ordres scrupuleusement respectés, son esprit, son image (son fantôme espéraient certains) avaient plané sur ces réjouissances. Peu de temps après, paraissait une copieuse *Relation de ce qui s'est passé à l'Entrée de la Reine en la Ville de La Rochelle*. Son auteur, Daniel Defos, était un authentique Rochelais. Il dédiait ce petit livre à Richelieu et attaquait son épître dédicatoire en clamant, « vous seul, Monseigneur, avez soufflé l'esprit de vie au cadavre de La Rochelle, lui avez baillé grâce et maintien », rappelant ainsi que

Richelieu, depuis la fin du siège, détenait le titre et la fonction de gouverneur de la ville. Il poursuivait : « Voici donc, Monseigneur, dans une scène continue ce que La Rochelle a fait en trois jours, pour honorer l'Entrée de la Reine et s'acquitter de son devoir envers Sa Majesté et de son obéissance envers vous. Si j'eusse pu garder l'idée de vos projets en cet ouvrage et qu'ils n'eussent rien perdu de leur dignité par mon style, Votre Éminence y eût pris divertissement », manière compliquée de rappeler que le projet précis du cardinal, le canevas transmis par Sourdis, avait été suivi de part en part. Avant de conclure, Daniel Defos vantait la totale réussite de la fête, totale « si la fortune insatiable et invincible à nous procurer des malheurs, ne nous eût dérobé le plus Auguste de la Pompe, nous dégradant, par une maladie, de la souhaitable présence de Monseigneur le Cardinal Duc qui s'était promis, autrement, de rendre lui-même en personne ces honneurs à Sa Majesté, et d'où nous attendions que leur serait soufflé le principal esprit de vie ».

La réalisation du projet de Richelieu — tout un programme iconographique, une série de séquences festives, des banquets, des spectacles — assurait sa présence indirecte. Celle-ci était aussi manifestée par ses armes, apposées sur les monuments publics et les arcs de triomphe, construits, selon l'usage, pour l'entrée royale. Enfin, un frêle représentant enchanta la cour. C'était « le petit Messier », page du cardinal, qui chantait d'une voix angélique.

Le premier arc de triomphe avait été dressé à l'entrée même de la ville, un peu en avant des anciens remparts. A l'approche de la reine, un mécanisme fit s'ouvrir le fronton. On vit alors apparaître un « relief » représentant Louis XIII, entouré de deux grands tableaux. L'un était un emblème de « la justice du roi », et, sur l'autre, on reconnaissait Richelieu « tenant de la main gauche un serpent à trois têtes qui s'entortillait à son bras et, de l'autre main, une chaîne à doubles chaînons, dont il maîtrisait et tirait de force un Neptune saisi par le milieu du corps, comme pour le cogner et faire entrer, bon gré-mal gré, dans la niche du Roi ; cette monstrueuse déité résistait à outrance, se débattait, faisant regrisser [griser?] et bondir les eaux dessous ses phoques effrayés, et de son trident s'agrafait à la Digue... » C'était la traduction en langage mystique (ainsi disait-on pour symbolique) de cet enseignement : « La Rochelle avait à Monseigneur le Cardinal-Duc, des obligations immortelles : en ce qu'il lui avait fait trouver grâce devant le Roi dans l'opiniâtreté de sa rebellion, et comme qui dirait inspiré des traits d'amour au visage d'une furie. » La furie, c'est, bien sûr, la ville révoltée, un Neptune féminin et léonin, et non le roi, contrairement à ce que cette phrase, en son ambiguïté, pourrait laisser croire.

134

Dans la série des entrées royales, nombreuses dans la première moitié du XVIIᵉ siècle, celle-ci suscite l'étonnement. La surprise vient du thème central : la défaite de La Rochelle. Loin d'esquiver ce souvenir, ou de le tenir à distance, Richelieu a imposé son rappel systématique.

Sur le même arc de triomphe, le premier rencontré par la reine et son cortège, deux grands dessins avaient été apposés, de part et d'autre de la voûte. Ils montraient « notre famine, le gouffre des grands maux qui dévorèrent nos familles pendant l'obstination du siège ». Ce thème macabre était étrangement traité. D'un côté, on voyait les mourants et les morts « les yeux hâves et creux, le nez long et transparent, la face terreuse et difforme, le crâne plus gros, le col plus long que l'ordinaire, les oreilles ballantes, et les cheveux touffus et hérissés ». De l'autre côté, le second dessin évoquait le spectacle tragique des affamés : « Ce prodigieux carnaval était diversifié d'étranges et effroyables mommeries. Qui portant un chien mort par l'une des jambes sur son épaule, tandis qu'un enfant par derrière, tout bellement, lui mangeait les oreilles crues. Qui dégraissant un gripetout, où s'était pris un rat, sanglant et à demi haché du coup, dont Monsieur se léchait les doigts. Qui tirant d'un trou de muraille une lézarde par la queue, dont la moitié lui trémoussait entre les dents... Vous auriez aperçu des Demoiselles délicates ayant raclé

135

péniblement une livre de peaux de chèvres, les mettre sur un peu de braise et les sinapisant d'épices et de suif, en faire gorge chaude à grand hâtivité de peur des survenants. » Étrange manière d'évoquer la mémoire des milliers de compatriotes morts de faim, de la part d'un auteur qui était à La Rochelle pendant le siège. Defos précise bien qu'il s'agissait d'émouvoir la reine, mais pourquoi, alors, parler de carnaval?

Après les arcs de triomphe (avec d'autres morts de faim : « un squelette empêtré de son suaire qui du sommet lui découlait à lambeaux rompus et moisis le long des bras »), après les discours, les concerts, divers spectacles allégoriques, le *Te Deum*, la messe d'action de grâce, le feu d'artifice, les collations, les banquets, les soupers, une pièce de théâtre chez les jésuites, et avant le ballet final, la cour fut invitée à assister à un spectacle nautique. Il ne s'agissait de rien moins que d'une bataille navale, la reconstitution de la dernière tentative de la flotte anglaise, en 1628, pour briser le blocus qui étouffait La Rochelle. On entendit tonner les canons et l'on vit les marins s'élancer à l'abordage (ce qui ne s'était point passé quatre plus tôt). Les Anglais furent évidemment mis en déroute. Quand ils eurent fui, un navire turc se présenta, puis se fit capturer après quelques belles manœuvres. C'était une reconstitution libre, mais grandeur nature, au large du port.

La veille déjà, c'est sur l'eau qu'on avait tiré le grand feu d'artifice, censé, lui aussi, représenter une bataille navale. Des centaines de fusées, de pétards, partaient de navires qui, peu à peu, se rapprochaient, s'affrontaient et finissaient par s'entrechoquer dans un déchaînement de pétarades, de feu et de lumières aveuglantes. Au point que, tout à coup, les spectateurs prirent peur : « tout autant qu'il y avait de gens à regarder innocemment le long des rives, étant surpris de caprice et d'effroi, se renversèrent pêle-mêle, et firent d'une foule étouffante une telle déroute, que les espaces d'alentour en demeurèrent désolés; la cour restant seule immobile et pour connaître de longue main la vaine gloire et bombance de ces folets. »

Voici les rôles distribués; la cour impassible, et, s'ajoutant au spectacle de faux combats contre La Rochelle révoltée, une vraie panique parmi les spectateurs. Quelle efficace collaboration de leur part, quelle complaisance à se plier à leur rôle de vaincus, à commémorer leur défaite, à adhérer à l'image que les vainqueurs ont partout diffusée! Il y a peu de chances que Richelieu soit allé jusqu'à programmer, ou prévoir, ce mouvement de panique parmi les spectateurs. Mais, pour le récit, pour cette version enthousiaste de la fête écrite par l'un des vaincus, cela devient, si l'on ose dire, pain béni. La panique s'intègre parfaitement au récit. Elle se trouve en harmonie avec le carnaval macabre affiché sur l'arc de triomphe, en harmonie avec les *Mémoires fantastiques* qui, juste après le siège, avaient diffusé partout les rumeurs de la famine (les rats, le cannibalisme, les nourritures infâmes) dans une atmosphère de nef des fous. Les spectateurs et leur peur grotesque sont eux-mêmes devenus un spectacle pour les courtisans impassibles, et ont ainsi rejoué un peu de la chute dans l'infrahumain, atteint plus cruellement durant les horreurs du siège.

Les habitants de La Rochelle ont donc manifesté avec zèle, à l'occasion de la visite de la reine, leur adhésion à l'image de leur combat et de leur défaite diffusée par les vainqueurs. Les ordres du cardinal ont été appliqués à la lettre et il s'est trouvé un Daniel Defos pour en rendre compte, pour montrer à quel point ses compatriotes ont accepté de jouer leur soumission, de proférer, à la face du monde et de la reine, le discours tenu sur eux par le pouvoir. Peu importe que des relais discrets mais constamment présents, comme Sourdis, l'intendant Villemontée et quelques créatures du cardinal, aient tout contrôlé : la démonstration n'en a pas souffert. Le théâtre de la soumission a bien fonctionné. Le récit de cette commémoration, largement diffusé par l'imprimé, porte dans ses lignes une preuve active : il *effectue* les prescriptions du pouvoir, sans que subsiste aucun interstice où pourrait se deviner un ferment de contestation ou, plus simplement, la manifestation silencieuse d'un reste de quant à soi.

A la fin du printemps 1629, quelques mois après le flot des *relations* et des poèmes de circonstance, paraît un gros livre intitulé *La Digue*. C'est un chant de gloire et d'action de grâce sur la prise de La Rochelle. Tout le livre se présente comme le long commentaire d'une prophétie de six lignes qui aurait circulé parmi les notables rochelais et qui annonçait la chute dramatique de la ville. Il est, d'autre part, traversé par une métaphore urbanistique : il a des faubourgs, des avenues, des places, un centre. Au cœur du livre comme au cœur de la ville assiégée, la fameuse digue. L'auteur imagine deux monuments commémoratifs qu'il faudrait construire à chacun de ses bouts, l'un dédié au roi Louis XIII, l'autre à Richelieu. Cet auteur, nommé Jean de Gaufreteau, est un prêtre, ancien conseiller au parlement de Bordeaux, issu d'une famille depuis longtemps dans les offices et non sans prestige. Milieu de juristes, et aussi, à l'échelle d'une ville, d'écrivains bien intégrés aux sociabilités littéraires locales.

En un style fortement orné, il déploie dans son livre une analyse politique précise et globale à la fois. On peut y distinguer trois niveaux. D'abord le constat d'un désordre qui finit toujours par ramener à l'hérésie et à son installation réussie dans le royaume de France. C'est « la verge du courroux de Dieu ». Comment dépasser la division religieuse, comment la pratiquer ? Tous les désordres politiques et sociaux en sont issus : il tente d'en dresser l'inventaire. Second niveau : la promesse d'un ordre restauré qui vient de se manifester dans l'événement qu'il célèbre. Puissance d'une volonté politique qui a su s'imposer à trois violences, celle de l'hérésie, celle de l'océan, celle des passions déchaînées. Instrument mystique de cette volonté : la digue. Mais, seul un pouvoir lui-même réformé, amendé de l'intérieur, pouvait acomplir cette grande action. Sa perfection s'incarne dans la parfaite fonctionnalité des positions, dans la parfaite correspondance entre Louis XIII et Richelieu. La victoire de La Rochelle prend peu à peu la dimension d'un dépassement, d'une cicatrisation de la déchirure initiale. Troisième niveau : comment passer des signes, des promesses, à la certitude de la restauration d'un ordre ? Grâce à l'écriture. *La Digue* est un livre propitiatoire. On aurait donc bien tort de n'y voir qu'un exemple de littérature courtisane, de plate célébration du pouvoir dans l'attente d'une rétribution. Pour Gaufreteau, écrire, c'est faire advenir.

Le livre est dédié au roi et au cardinal. La seconde épître dédicatoire se termine par un petit poème :

Recevez donc, Prélat insigne,
Ce livre, que j'estime digne
Du St. Autel de vos genoux.

Le ton est donné. Ce qui frappe Gaufreteau comme un grand signe de la Providence, c'est qu'un prêtre ait pensé, organisé, et conduit à son terme le siège de la Babel calviniste. « Voici maintenant le Prêtre que je produis sur le théâtre de la gloire. Ce n'est pas un prêtre du commun : ains le miracle des prêtres et le prêtre des miracles : le flambeau des Noces de l'Époux... Peu de langue, beaucoup d'oreilles pour l'affligé, affable, modeste : enfin c'est le prêtre de St. Paul, sans reproche, sans superbe, vrai dispensateur des talents de Dieu, sans colère, sobre, pudique, nullement cupide de gain deshonnête, plein de toute hospitalité et charité, libéral, juste, saint, opérateur des miséricordes de Dieu, plein d'autorité aux corrections fraternelles pour relever ceux qui bronchent en la voie du Ciel et retirer les méchants de leur chute, édificatif en ses remontrances, éloquent, énergique en ses pointes, significatif en ses sentences, religieux, savant en sa science et en celle d'autrui, ennemi des hérétiques et séducteurs ; nulle parole que bien à propos : et enfin mari d'une seule femme, laquelle il épousa dès son plus tendre âge (la Piété et doctrine chrétienne). »

La phrase court, à la poursuite de son héros. L'accumulation des épithètes et des appositions per-

141

mettra peut-être, à la fin, d'imaginer les mille facettes de perfection, dont le scintillement révèle la grandeur infinie. Le prêtre guerrier, donné par la Providence au royaume de France, est bien davantage que la somme dicible de ses qualités. L'écriture, cependant, posant, d'un côté, l'évidence mystérieuse de cette puissance, saisie par le résultat de ses actions et, de l'autre, montrant l'incapacité de la plume à dresser la liste des qualités qui la constituent, réussit à faire entendre l'écho d'une présence. En capturant cette résonance qui conduit sa plume, Gaufreteau fait poindre, et donc advenir, l'ordre qu'elle annonçait. Il ne s'enferme d'ailleurs pas dans cette prose torrentielle : il n'a pas, à proprement parler, de style. Il s'adapte à l'objet qu'il tente de saisir. Quand il veut montrer, et comme fixer pour un instant, le point de fuite, le secret d'une présence mystique, il choisit la concision du vers octosyllabe :

> Mais passons à sa grand'puissance...
> En ce Prélat, c'est modestie,
> Humilité approfondie
> Dans les entrailles de la Croix,
> Car ôtez-en cette apparence
> Qu'il exécute pour la France
> Tout le reste n'est que Croix.

A chaque bout de « la digue richelienne », Gaufreteau plante un monument imaginaire, l'un dédié à la « sainte Clémence » du roi et l'autre à « l'Oracle

142

du Conseil de Richelieu >. Le second aura la forme du Panthéon romain, la clarté en plus : < Je veux que l'Oracle ait ses jours et son vitrage tout autour qui rendront une clarté agréable et une lumière éclatante ; ses vitraux seront de pierres précieuses, diamants, saphirs et autres pierreries. > Devant l'entrée principale, regardant La Rochelle, le portrait du cardinal < de corail, le rochet de saphirs, avec le bonnet aussi de corail >. A l'intérieur, un maître-autel et douze autels (< qui ne seront point clos dans des chapelles, ains paraîtront ouvertement, six à la main droite et six à gauche >). Chacun de ces autels richement décorés célébrera une vertu du cardinal : Fidélité, Espérance, Vigilance, Sagesse, Prudence, Piété, Expérience, Conseil, Éloquence, Noblesse, Entendement (< qui n'est pas ce qu'on appelle sagesse, prudence ou raison, ains proprement cette aptitude de l'homme à inventer et concevoir les moyens pour mettre ordre aux affaires les plus difficiles >), Gloire. Les murs de l'édifice seront partout tapissés de scènes historiques, de représentations du siège de La Rochelle ou d'épisodes de la vie de Richelieu.

Cette profusion de reliefs, peintures, tapisseries, décorations de toutes sortes, sera cependant bannie du maître-autel. Celui-ci sera entouré d'une balustrade et on y accédera par six marches. Dans cet espace réservé, la seule < représentation > consistera en < rayons qui donneront à connaître que la Gloire

143

et la présence de Dieu est là ». Faisant contraste avec
le reste de l'édifice, le lieu chargé d'attirer, finalement, regards et déambulations sera presque nu et
presque vide. Une seule inscription l'identifiera et, en
même temps, divulguera le secret de cette nudité et
de ce vide en forme d'absence : CONSILII RICHELII CAR-
DINALIS MYSTERIUM (le mystère du conseil du cardinal
de Richelieu).

Au sommet du clocher en forme de pyramide,
dressé sur le sommet de la coupole, un fanal brûlera
nuit et jour, « non point entretenu avec poix, résine
et autres telles matières fumantes et de mauvaise
odeur semblable à celle qui sort de l'enfer, ains
d'huile et de baume ».

Observons une différence importante entre le
temple de « la sainte Clémence » dédié au roi et celui
de Richelieu. Le premier comprend une multitude de
chapelles latérales (autant d'alvéoles périphériques),
les autels du second sont disposés en cercle à l'intérieur de l'espace principal, conçu ainsi comme un
ensemble unifié. Les deux monuments sortis de
l'imagination du curé bordelais peuvent être dits
baroques. Mais un seul, celui de Richelieu, se trouve
concerné par ce que Pierre Charpentrat, l'auteur du
magnifique *Mirage baroque*, a nommé « la structure
de l'espace baroque » : « l'espace baroque est homo-
gène et indivisible... Rien n'arrête plus, ni n'infléchit,
la marche du fidèle fasciné dès le seuil. Le Dieu

médiéval apparaissait au terme d'un cheminement. Les détours, la flânerie au pied des vitraux, autour des chapiteaux, n'étaient pas interdits. Chaque chapelle offrait un répit, s'ouvrait comme un havre. Des portes latérales suggéraient aux humbles des itinéraires dérobés. Si parfois l'église baroque ne livre qu'au spécialiste les secrets de sa structure, Dieu s'y révèle toujours à tous, dans une intuition immédiate et violente... L'hérétique, le tiède, le " libertin " ne peuvent se cacher à demi derrière un pilier, esquiver l'impérieuse argumentation et le flamboiement de la Présence réelle, raisonner, mesurer leur adhésion, choisir leur saint, leur symbole ou leur dogme : tout leur est donné, jeté, dans une indissociable et brûlante unité ».

Du côté de Richelieu, un espace unifié qui donne sur un maître-autel vide et consacré au mystère du pouvoir. De l'autre, le temple du roi, rappelant ces églises qu'on voit à Rome, médiévales par leur construction mais réaménagées au temps du baroque. Gaufreteau, le naïf thuriféraire et timide officiant du maître autel, « dans une intuition immédiate et violente », aurait donc tout compris, ou presque, du pouvoir de Richelieu. Mais pour lui, l'histoire n'était pas finie. A plusieurs reprises, tout au long de sa *Digue*, il annonce une suite, un *Livre deux*. De suite, il n'y en eut, en réalité, jamais. Et aucun autre ouvrage de lui n'a paru. Il a pourtant continué à

145

écrire, laissant des cahiers, retrouvés au XIXᵉ siècle dans ses papiers et publiés sous le titre impropre de *Chronique bordelaise*. Il s'agit d'une copieuse série d'historiettes classées par ordre chronologique et centrées sur des lieux proches et leurs habitants, sur les parlementaires bordelais, les curés du diocèse, les scandales, les crimes, les coutumes locales : un repli sur soi. On y trouve aussi des poèmes, des cantiques. Et parmi eux des *Plaintes sur la crainte qu'on avoit que la gabelle fût imposée dans Bordeaux en l'an 1635 et pour raison de quoi le peuple se souleva*. Le premier ministre y est interpellé : « Permettrez-vous... que le public transi de faim, vous gronde le fer à la main,

> *Criant que ce ne fut pas Dieu*
> *Qui porta le grand Richelieu*
> *A triompher de La Rochelle ;*
> *Ains pour avoir plus de moyen,*
> *De sucer son sang et son bien...*
> *Afin de prodiguer dehors,*
> *Ces richesses et ces trésors*
> *Pour des triomphes de fumée.*

Dans ces vers, les raisons du silence : le pouvoir n'a finalement pas tenu les promesses de 1628. L'ordre est en fuite, l'attente déçue.

Quand Gaufreteau évoque les « triomphes de fumée », il reprend l'un des thèmes favoris de l'opposition dévote, ce « parti » insaisissable, que Richelieu mettait du côté de la frénésie et de la dictature des passions. Mais il se moque bien du retour à l' « ordinaire » que prônaient les dévots contre le ministériat, les expédients financiers et la guerre. Pour restaurer l'ordre qu'il poursuit, il est prêt à applaudir aux mesures extraordinaires, lui qui a admiré le cardinal de Sourdis (frère aîné d'Henri) quand il réformait les couvents en bottes de cavalier et brisait les résistances plus volontiers par l'épée que par le goupillon. Son opposition politique et son abandon de la littérature sont nés d'une même désillusion : l'Etat a renoncé à reconstruire une chrétienté, une Cité de Dieu. En effet, l'écriture propitiatoire de notre prêtre-écrivain ne séparait pas l'esthétique littéraire de l'engagement politico-spirituel. Rompant le charme de La Rochelle, le cardinal tombait au rang de ministre ordinaire. La digue perdait son sens mystique et, par une sorte d'effet rétroactif de la politique sur l'écriture, l'ouvrage qui la chantait le perdait aussi. A son auteur, il ne restait que le silence.

De retour à Paris, et avant de partir combattre en Italie, Richelieu rédige un mémoire, probablement lu au roi le 13 janvier 1629. Ce texte célèbre a été plusieurs fois publié sous le titre *Avis donné au Roi après la prise de La Rochelle pour le bien de ses affaires.* Pas une histoire de Richelieu, de Louis XIII ou de la France au XVIIe siècle qui n'y fasse

147

au moins allusion : le cardinal, revenu du siège de La Rochelle en triomphateur, en aurait profité pour présenter un programme politique clair et complet à son souverain. Le plan paraît, en effet, limpide. Politique intérieure : détruire la rébellion des protestants, raser les places fortes inutiles, fortifier les frontières, « faire que le Roi soit absolument obéi des grands et des petits », augmenter les revenus de l'Etat. Politique étrangère : arrêter le cours des progrès de l'Espagne, maintenir les positions de la France en Italie, en Lorraine, en Allemagne.

Pour ma part, je suis surtout frappé par la platitude de ce morceau d'anthologie. La suite est moins banale. Commentateurs et historiens y ont, en général, accordé moins de place et n'ont surtout manifesté aucune surprise face à ce montage de la banalité avec l'étrangeté. Dans les pages suivantes – les quatre cinquièmes du mémoire – Richelieu évoque « ce qui est à désirer en la personne du roi ». On nous dit que c'est une preuve de la confiance des deux hommes l'un pour l'autre ; le ministre était un conseiller sincère qui faisait part à son maître des remarques qui lui venaient à l'esprit, y compris concernant sa personnalité. Ces propos, ajoute-t-on, n'étaient destinés qu'au roi.

Pourquoi, alors, un mémoire de plusieurs dizaines de pages, écrit, raturé, travaillé, et pourquoi surtout sa conservation? Il a été archivé, recopié, soigneusement classé et même inséré dans une ébauche d'histoire préparée à partir des archives.

Ce long passage du mémoire commence avec des compliments : « pour la personne du Roi, il a tant de bonnes qualités que difficilement en trouvera-t-on quelqu'une à redire ». Cela ne dure pas; une seule phrase suffit à passer d'un versant à l'autre : « le Roi est bon, vertueux, secret, courageux et amateur de gloire, mais on peut dire avec vérité qu'il est extrêmement prompt [« on dit qu'un homme est *prompt*, qu'il prend feu aisément, qu'il se met d'abord en colère », *Dictionnaire* de Furetière], soupçonneux, jaloux, quelquefois susceptible de diverses aversions passagères et des premières impressions, au préjudice du tiers et du quart ». Tous ces points sont ensuite développés et le manuscrit porte, en marge, face au paragraphe concerné, le nom d'un des défauts du roi. L'ensemble forme un terrible portrait de mauvais politique. Soupçonneux le roi? « Si deux personnes parlent ensemble, il entre en ombrage » (« ce qui ne compatit pas avec l'emploi des affaires, qui requiert que l'on puisse parler et faire caresse à tout le monde pour pénétrer et découvrir ce qu'on estime nécessaire au service de son maître »). Jaloux? « Il semble que Sa Majesté soit, à son préjudice, jaloux de son ombre. » Assidu aux affaires? « Il faut que S. M. se résolve de vaquer à ses affaires avec assiduité et autorité tout ensemble, ou qu'elle autorise puissamment quelqu'un qui les fasse avec les deux qualités. »

Trop facilement et inconsidérément, le roi s'enflamme pour ceux qui l'approchent, ou s'en dégoûte. Pire : beaucoup à la cour pensent « qu'un service rendu à S. M. est tellement perdu en sa mémoire qu'elle ne s'en souvient plus trois jours après » et « il y a peu de gens qui veulent travailler la plus grande partie de leur vie pour qu'on leur en sache gré si peu de temps ». En marge du paragraphe suivant : « peu d'application aux choses grandes » : « le Roi donne si peu d'attention à ses affaires et improuve si facilement les expédients qu'on lui propose pour faire réussir celles qu'il entreprend qu'il est à craindre qu'à l'avenir il y ait bien de la difficulté à le servir ».

On pourrait en remplir plusieurs pages encore. Deux traits viennent, à la fin, compléter le portrait : « En un mot ceux qui agissent plus par leurs mouvements et impétuosités naturelles que par la raison sont sujets à faire de grandes fautes, qui souvent ne peuvent être réparées ni par le temps, ni par prudence, ni par aucun art » ; « une des choses qui préjudicie autant au règne de Sa Majesté est qu'on pense qu'elle n'agit pas d'elle-même, qu'elle s'attache plus volontiers aux choses petites qu'aux grandes, et que le gouvernement de l'Etat lui est indifférent ».

Dans une troisième partie, le cardinal prétend se livrer au même exercice sur lui-même (« je supplie S.M. de me dire ce dont elle veut que je me cor-

rige »). Il voit d'abord un premier défaut : « la débi-
lité » de sa personne, c'est-à-dire sa mauvaise santé.
Ses « forces usées diminuent tous les jours ». Coup
de théâtre : « de telle sorte qu'elles ne me permettent
plus de pouvoir supporter les incroyables peines que
requièrent les entreprises qu'il faut faire pour la
conservation d'un grand Etat ». C'est une offre de
démission, et non un examen de conscience. Repre-
nons la lecture, aux « incroyables peines » : « particulièrement quand il arrive que ces peines corporelles
sont accompagnées de grands travaux, de grandes
inquiétudes et de grandes afflictions d'esprit ».
Chaque point a droit, ensuite, à un développement
particulier. Pourquoi toutes ces peines? A cause, en
premier lieu, de l'inconstance de la reine (mère) et de
celle du roi. Retour à La Rochelle, quand le cardinal
fut laissé seul à conduire le siège. « *Qui m'eût alors
soufflé, m'eût peut-être jeté par terre.* »

Avait-on quelque chose à lui reprocher? On dit
qu'il était cupide, soucieux de faire sa fortune
et celle des siens. Dans le feu de l'action, ce sujet ne
pouvait être abordé. Maintenant, après la victoire, le
cardinal est prêt à rendre des comptes. De tels soup-
çons, pendant la bataille, lui ont donné l'envie de
tout quitter. Il a surmonté cette faiblesse mais, désormais, le corps ne suit plus, et il devra abandonner les
affaires, « nul n'étant tenu à l'impossible ». S'il restait, il aurait à craindre les changements d'humeur

151

du roi, les cabales (« des étrangers, des femmes, des grands »). « Je ne saurais prendre un meilleur temps de retraite que celui-ci, auquel Leurs Majestés me savent gré de mes services. » A l'avenir, « il me serait difficile de n'appréhender pas d'être encore si malheureux que de déplaire à des personnes dont je désire le contentement et la prospérité plus que ma propre vie, ce qui m'ôterait la liberté d'agir comme il faut ».

Me pardonnera-t-on paraphrase et citations? Ce texte me fascine autant qu'il m'embarrasse. Que faut-il penser de la grossièreté du chantage à la démission? Nous ne sommes pas absolument sûrs que ce mémoire a été réellement lu au roi le 13 janvier. Seule reste la certitude qu'il a été rédigé, travaillé et archivé : c'est un texte. L'*Histoire à commencer du jour de la prise de La Rochelle* préparée par les secrétaires de Richelieu, et assemblant par de brèves narrations les archives politiques du cardinal, propose une mise en action de ce texte : « Après ce Conseil, le Roi se résolut de partir deux jours après, et, pour satisfaire à la supplication que je lui avais faite de me donner une heure où je luy pusse parler en particulier, il me commanda de le venir trouver le soir, ce que je fis lors, la Reine sa mère et le Père Suffren étant présents. Je lui lus les mémoires qui s'ensuivent, lui faisant particulièrement entendre la conséquence de chaque article. » Récit d'une lecture rendue solennelle, par les circonstances (la veille d'un départ vers un nouveau champ de bataille), les témoins (la mère et le confesseur du roi), l'insistance mise à détacher et commenter chaque article.

Si l'on admet, fort grossièrement, qu'il y a bien trois parties dans ce mémoire : programme politique, critique de la personnalité du roi, menace de démission, force est de constater que, malgré l'artifice de montage, elles n'entretiennent pas le même rapport au temps. Qui dit programme dit avenir ; en fait, la décision a été prise de l'appliquer, ce programme, avant même qu'il soit exposé : l'armée part combattre en Italie, avec pour étape suivante, la liquidation de la rébellion protestante. L'annonce de la démission ne paraît pas un instant remettre en cause le départ prochain du cardinal, ni son rôle à l'armée : elle se trouve, donc, *ipso facto*, renvoyée à un irréel et hypothétique futur. En revanche, le portrait du roi agit au présent, il est doté de sa pleine valeur au moment même de sa profération. En cela, il apparaît comme le moment fort du mémoire : les mots agissent sans délai.

Quelques indices révèlent comment Richelieu a travaillé pour la composition de ce texte. Comme dans tous ses écrits, il y a dans celui-ci un souci de la formule frappante. On retrouve ainsi la trace de morceaux préparés à l'avance et conservés dans le recueil publié par Hanotaux sous le titre *Maximes d'Etat et fragments politiques du cardinal de Richelieu.* Ces morceaux ont été collectionnés, et finalement insérés dans ce mémoire de janvier 1629 (comme dans d'autres). Richelieu avait le souci de garder sous la main de petits blocs de langage prêts à l'emploi, prêts à sertir, comme autant de pièces éclatantes, dans la matière de son argumentation. Il ne s'agit pas seulement d'ornementation mais surtout de pointes acérées, sélectionnées pour atteindre un destinataire particulier dans une situation particulière. « Autres sont les péchés des rois comme rois, et autres les fautes qu'ils commettent comme simples hommes. Ainsi tel paraîtra saint comme homme qui se damnera comme roi. » Pareilles flèches étaient des tortures morales pour Louis XIII. Le cardinal ne disposait pas de beaucoup d'autres armes pour tenir la place. Mais celles-ci étaient excellentes.

Je croirais volontiers qu'en ce mois de janvier 1629 a déjà commencé le combat qui ne prendra fin qu'à la « Journée des dupes », en novembre de l'année suivante. Richelieu livre bataille pour le contrôle du sanctuaire. De ce point de vue, il convient de rapprocher la rhétorique impeccable du mémoire des notes transmises, jour après jour, par des informateurs zélés. Ecrites dans une langue approximative, confuses, rendues à la hâte, elles concernent l'entourage du roi et des deux reines. Le cardinal veut savoir tout ce qui se dit sur lui, la manière dont ses maîtres accueillent les propos de leurs proches. Les informateurs peuvent être des domestiques mais aussi des membres du personnel gouvernemental, voire des courtisans. Richelieu fait recopier et trier ces informations, parfois anodines ; il en tient registre. Ces pauvres phrases doivent également être rapprochées des recueils de formules frappantes, ou de lieux communs éloquents, qu'il fait aussi tenir. D'un côté le savoir sans la langue, de l'autre des flèches rhétoriques prêtes à servir. Le savoir informe des espions permettra de bien choisir l'objectif et d'orienter la frappe. Cette alchimie se pratique dans l'arrière-plan obscur de la puissance du grand politique.

Richelieu revient de La Rochelle en vainqueur. Remarque banale ; autre chose est d'entendre la voix du vainqueur, de surprendre la force quand elle prétend à la maîtrise raisonnée de ce qui lui donne vie (le pouvoir absolu du roi).

RICHELIEU (INDRE-ET-LOIRE)

« Richelieu. Ch.-l. de cant. d'Indre-et-Loire, arr. de Chinon. 2529 hab. Ville bâtie pour le cardinal de Richelieu, au début du XVII⁰ siècle sur un plan régulier tracé par Jacques Lemercier. » Si l'on admet que les premières années du second tiers du XVII⁰ siècle peuvent encore passer pour son début, cette définition du *Dictionnaire Robert des noms propres* est irréprochable. Elle dit autant, dans sa sécheresse, que la plupart des biographies du cardinal. Les historiens se sont en effet peu intéressés à la ville ou au château de Richelieu. Hanotaux, par exemple, que nous avons rencontré là-bas, inaugurant une statue une après-midi pluvieuse de juillet 1932, n'en fait guère de cas dans ses ouvrages. Et la longue suite de ses successeurs pas davantage. Le comte de Saint-Aulaire, auteur d'un *Richelieu* initialement paru en 1936, prend donc figure d'exception : il évoque le voyage — il vaudrait mieux dire le pèlerinage — qu'il a accompli à Richelieu pour préparer son livre.

La découverte d'une ville et d'un domaine, soumis « aux lois inflexibles de la symétrie dans un circuit fermé, ce qui les rend immuables dans leur stricte perfection » encourage et rassure son désir d'analogie. Il n'innove guère (l'analogie est un des ressorts les plus puissants de la biographie, quand il s'agit de passer « de l'homme à l'œuvre », ou le contraire), mais il aime rendre ses analogies éclatantes : « dans ce sceau de pierre mis par Richelieu sur la terre ancestrale, nous reconnaissons les signes de la volonté, de la durée, de l'harmonie, de l'ordre surtout, de l'ordre qui est en art l'élément mâle de la beauté, et, en politique, le principe de la fécondité ».

Saint-Aulaire est sensible aussi au passage du temps sur le domaine de Richelieu, et donc à la survie d'une présence, d'un « esprit » peut-être.

Il a accompli son voyage en octobre 1935 (ou 1934?). D'abord frappé par « l'abondance et la nature des enclos que longe la route : de simples champs de blé, des prairies sans aucune construction, sont entourés de murs fortement maçonnés, parfois même coiffés d'un chaperon » (Richelieu n'aurait-il pas puisé là l'inspiration pour sa politique des frontières naturelles?, s'interroge l'ambassadeur à la retraite), il a été saisi ensuite par la signification puissante de deux rencontres de hasard :

En traversant une des pelouses du parc, j'ai interrogé une vieille femme, qui tricotait un bas de laine en gardant des vaches, sur la contenance du domaine. Sans lever les yeux et sans perdre un coup d'aiguille, elle m'a fait cette réponse tout à fait sublime, c'est-à-dire d'un sublime involontaire : « je n'en sais rien ; tout ce que je sais c'est qu'il y a du travail tous les jours de l'année pour toute ma famille ». Cette vieille bergère image de la France éternelle, lui est supérieure sur un point : elle en sait plus long, elle n'ignore pas ce que les siens doivent à Richelieu. Du domaine qu'il lui a légué, la France ne connaît pas l'étendue et elle ignore que dans ce domaine, il y a encore du travail et des moissons pour toute la famille.

S'engageant plus avant dans le parc, il a fini par arriver devant le pavillon, dernier vestige du château détruit. Ce château, en effet, laissé à l'abandon pendant la Révolution, a été acheté, quelques années plus tard, par un spéculateur qui l'a totalement démoli pour vendre les matériaux, laissant seulement debout ce pavillon des communs. « Seul, des immenses et très nobles communs, a survécu, comme un témoin, un pavillon monté d'un dôme. Sur les dalles où, jadis, sonnaient les hallebardes des suisses, un jeune garçon — petit-fils sans doute de la vieille bergère — étale avec sa fourche, pour en exposer toutes les parties aux rayons du soleil, une haute meule de haricots non écossés. Comme l'esprit de son ancien maître, à la fois positif et orné, le parc de Richelieu a son potager et sa rose-raie. »

Aujourd'hui, les murs des prairies et des champs de blé ont disparu et un petit train touristique traverse la campagne depuis Chinon. Parmi de nombreuses associations, la ville compte un « skate club » et un club du troisième âge nommé « Le cardinal », où l'on joue « à la belote, au bridge, au nain jaune et au scrabble ». J'entre à mon tour dans le pavillon rescapé. Il a été transformé en musée malheureusement fermé le samedi, jour de ma visite; mais on me prête la clé. Je ne vois pas, sur le pavé, la trace des hallebardes des suisses, plutôt celle des sabots ferrés des chevaux, et celle des voitures qu'on remisait ici. Le parc a été transformé au XVIIIᵉ siècle par les héritiers du cardinal. Il reste l'emplacement de la partie centrale du château, entourée de douves, site heureux d'une roseraie qui était peut-être déjà là pour la visite de Saint-Aulaire.

Il reste surtout la ville. Unique et superbe. J'en connais le dossier bibliographique et archivistique. J'ai vu les maquettes, consulté les plans, les gravures d'époque. Presque rien n'a changé. Raison de plus pour tenter de saisir le plus grand nombre possible d'écarts entre la ville de papier, l'idée de la ville, l'image de la ville (diffusée par les récits, les poèmes et les gravures) et la ville réelle, afin de mieux comprendre à quoi cette fièvre de construction, dans un coin perdu des confins de la Touraine et du Poitou, avait bien pu servir.

En 1621, à la mort de son frère aîné, Richelieu qui n'est pas encore cardinal, rachète le fief familial. En 1624, cardinal et ministre, il y entreprend de grands travaux tout en développant une politique systématique d'achats de seigneuries contiguës ou voisines. En 1631, après la grande crise politique de la fin de l'année précédente, qui a affermi son pouvoir et permis d'éliminer l'opposition dévote, le fief de Richelieu est érigé en duché-pairie, au plus haut rang de la puissance aristocratique après les princes. Cette érection d'une terre en duché supposait une puissance foncière déjà considérable, dont le niveau minimum était d'ailleurs soigneusement codifié. La demeure d'un duc et pair se devait, elle aussi, d'être en rapport avec le lustre de la position. Dès 1631, le cardinal entreprend d'énormes travaux de construction qui avancent très vite et sont à peu près achevés onze ans plus tard, à sa mort.

A cette date, le vieux fief des Du Plessis a totalement changé de visage. L'ancien château a été enrobé dans une construction nouvelle, des avant-corps majestueux ont été ajoutés, un parc a été tracé et planté, une ville nouvelle s'élève à la lisière septentrionale de ce parc. La construction de ces quatre ensembles a été menée simultanément : on a travaillé

161

en même temps sur tous les chantiers. D'autre part, un réseau de canaux et de fossés réunit, sans utilité apparente, les quatre composantes, comme s'il s'agissait de souligner une unité, impression que renforce l'étude des plans. Ce système a un centre, un vrai centre géométrique, unique donc. De ce point, situé face à la porte monumentale du château (mais sur l'autre bord de la douve), et seulement de celui-ci, on a une vue panoramique sur l'ensemble des ensembles, et cela dans les quatre directions cardinales. Une description de 1676 définit ce centre comme *le point de vue* : « On peut le dire unique et incomparable ; de quelque côté qu'on se tourne, les portes de la ville, du château, du parc et de la grande avenue étant ouvertes, on voit à plus d'une grande lieue. »

De là, on domine donc l'espace environnant. Là se croisent deux allées d'honneur, l'une, à travers les avant-corps et les avant-cours, vient de l'ouest, l'autre, à travers la ville, vient du nord. Toutes deux se prolongent, par la perspective, au-delà du château vers l'est et, à travers la forêt, vers le sud. La ville nouvelle de Richelieu est donc aussi une allée d'honneur qui conduit au château quand on arrive de Paris. Le regard du visiteur sur le point d'y pénétrer, arrêté à la porte nord, la traverse de part en part : c'est « l'œillade », rien ne fait obstacle à cette visée qui suit la rue principale et traverse les deux places sans les voir ; « dès l'entrée, la rue mène à la sortie »,

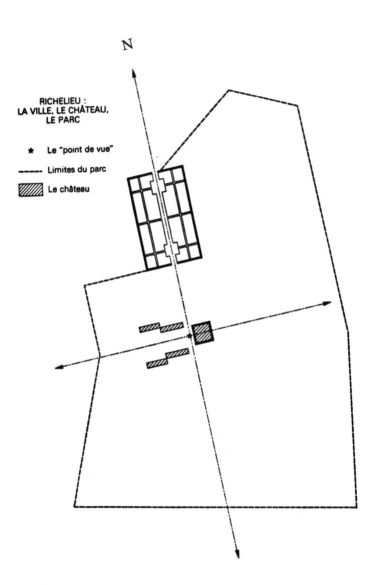

N

RICHELIEU :
LA VILLE, LE CHÂTEAU,
LE PARC

★   Le "point de vue"

-----   Limites du parc

Le château

comme l'écrit Philippe Boudon auteur d'un précieux petit livre paru en 1978 (*Richelieu, ville nouvelle. Essai d'architecturologie*). La rue mène donc au centre — le « point de vue » — qui est en dehors de la ville.

Mais, lorsqu'on l'emprunte, à travers la ville, que donne-t-elle à voir? Les trente-deux hôtels, tous semblables, qui la bordent (quatre ensembles de sept entre les deux places carrées, et deux ensembles de deux, au-delà, vers les portes). La construction en est continue, seuls les toits permettent, en façade, de distinguer les hôtels les uns des autres. Un ordre se donne à voir comme tel. En avant de ces maisons de la grand-rue (et de celles des places), il n'y a pas de cour, ni d'arcades en rez-de-chaussée, contrairement à la place Royale à Paris, ou à celle de Charleville, toutes deux construites dans les décennies précédentes. Ce qui a pour conséquence de laisser voir depuis la rue, ou deviner, les pièces de réception; visibilité soulignée par la taille importante des ouvertures. Les déplacements des habitants peuvent donc être surpris par les passants. Ces hôtels appartenaient aux créatures du cardinal qui étaient ainsi supposées se donner en spectacle (au XIXe siècle on avait surnommé cette rue la « Rue de la Vertu Obligée »), comme autant de tableaux édifiants, mais des tableaux qui auraient aussi des yeux pour observer les passages du maître, de ses invités, de ses visiteurs.

On mentionne en général Richelieu pour son plan

géométrique : un rectangle, traversé, du centre d'un petit côté à l'autre, par la rue principale, deux places publiques carrées, des carrefours à angle droit. Plus troublant : cette ville n'a pas de centre (le centre est ailleurs, devant l'entrée du château, lieu du « point de vue »). Mieux encore, tout ce qui pourrait permettre la reconstitution spontanée d'un centre, dans l'échelle de la visibilité, a été soigneusement écarté : les bâtiments publics, les halles, l'église sur la place sud ont été décentrés dans l'espace même de la place, l'église n'a pas de coupole à la croisée du transept, elle est dotée de deux clochers de taille d'ailleurs modeste, avec une façade abaissée. Cette absence de centre a troublé les contemporains : les gravures publiées à l'époque tentent généralement d'en reconstituer un.

Il s'agissait, en effet, d'une rupture, et par rapport à ce qui se pratiquait ailleurs, et par rapport aux villes idéales pensées par les humanistes, toutes ordonnées, précisément, autour d'un centre (songeons aux dessins de Dürer, par exemple). Ainsi Vitry-le-François, ville nouvelle de François 1er (1545) ou, plus récemment, Henrichemont que Sully avait commencé de faire édifier sur ses terres berrichonnes. Toutes deux avaient bien, comme Richelieu, une disposition géométrique rigoureuse, en échiquier dans un cas, à plan carré à axes centraux et diagonaux dans l'autre, mais toujours avec une place centrale. A signaler aussi qu'à Henrichemont, il n'y avait pas de continuité prévue entre la ville et le domaine de Sully.

L'absence de centre s'accompagne d'un recours systématique aux vertus du chiffre deux. A Richelieu tout est dédoublé. La ville est un rectangle de 682 mètres sur 487 mètres découpé en deux rectangles égaux par la rue centrale qui traverse les deux places qui se répondent dans une parfaite symétrie, comme se répondent les groupes de bâtiments. Cette présence du double est manifeste à toutes les échelles, jusqu'aux boules présentes comme motif décoratif partout sur les toits des hôtels ou ceux des portes monumentales. Ceci ne vaut pas seulement pour la ville mais aussi pour le domaine tout entier. Ainsi pour les avant-corps du château, où se trouvaient concentrées toutes les fonctions domestiques (cuisines, logements, écuries, etc.) : deux fois deux bâtiments autour de deux cours avec de constants effets de symétrie, quel que soit l'angle de vision, de face (en arrivant), de côté.

Le château lui-même était un bâtiment carré avec quatre pavillons d'angle et deux pavillons centraux sur les ailes ouest et est. Il a été conçu par l'architecte Jacques Lemercier qui a également construit le palais Cardinal à Paris, la chapelle de la Sorbonne, le pavillon de l'Horloge du Louvre. Une porte monumentale donnait accès à la cour qu'il fallait traverser pour atteindre l'escalier menant aux appartements. Là encore, on avait cultivé le deux, la dualité, le dédoublement (pour les statues de chaque côté de l'entrée, les pyramides et les colonnes rostrales, les clochetons décoratifs aux angles du toit et, du côté extérieur, pour la statue de Louis XIII en costume antique entourée de deux fois deux colonnes). A l'intérieur de la cour, on retrouvait de tous côtés les motifs dédoublés.

Pourquoi cette présence obsédante de la dualité? Symétrie, ordre, répondra-t-on. Et puis, belle évidence, il y a le bicéphalisme du pouvoir, et d'ailleurs les deux places de Richelieu ont été baptisées, spontanément semble-t-il, place Royale et place Cardinale. Qu'a-t-on dit quand on a dit cela? Alexandre Dumas est un grand écrivain mais, du temps du cardinal, personne ne songeait à définir le gouvernement, ou l'État, en termes de symétrie ou d'égalité, voire de concurrence entre le roi et son ministre.

On peut esquisser une explication plus abstraite, et donc tracée avec moins d'évidence, mais aussi plus globale. La grande cohérence du projet, la logique obstinée qui préside, à toutes les échelles, à la conception architecturale de Richelieu pourrait être prise comme une clé. On pourrait alors avancer qu'à Richelieu deux dimensions qui, d'ordinaire, s'excluent ont été rendues perceptibles *conjointement* : l'échelle de la représentation et l'échelle de la visibi-

lité. La représentation, c'est le plan, le projet intellec-
tuel, la totalité dessinée. La visibilité, c'est l'espace
morcelé, l'angle de vue, le décor. A Richelieu, le
plan est rendu visible par une série d'effets qui le
proposent aux regards comme un grand livre ouvert.
Et le visible est rendu pensable par ces mêmes effets
qui représentent, à leur échelle, la logique du système
architectural.

Abraham Bosse, dans un ouvrage paru en 1645, le
Traité des manières de graver en taille douce définit
ainsi la finalité de la perspective : « C'est de disposer
les choses non telles que l'œil les voit, mais telles que
les lois de la perspective les imposent à la raison. » A
Richelieu, l'imposition d'une raison politique sur un
espace a été tentée et réussie. Cette raison, dont on
retrouve la logique sur le plan, veut également se
rendre visible dans le décor. Le projet de faire voir le
tout, de dépasser et d'orienter la spontanéité de la
perception qui n'appréhende jamais que des parties,
est présent dans chacun des motifs : à cette fin, un jeu
complexe d'élargissements successifs d'échelle et de
condensation (ou de réfraction) des effets globaux (et
donc du discours politique) dans des espaces de plus
en plus étroits. L'espace se trouve ainsi saturé de
significations et chacun des éléments entre, d'une
manière ou d'une autre, en relation fonctionnelle
avec ceux qui l'entourent. De ce phénomène, on peut
trouver un condensé éclairant, et donc un modèle,
dans une pièce d'apparat du château.

L'aile nord du château était occupée, au premier étage, par une galerie de peintures. Plusieurs éléments me portent à considérer cette galerie comme un lieu central pour la compréhension du domaine de Richelieu tout entier. On rencontrait de telles galeries, dont la mode était venue d'Italie, dans certaines des résidences royales et dans quelques demeures aristocratiques. A Richelieu, il s'agissait d'une galerie de batailles composée de deux séries de dix tableaux (douze sièges de villes et huit batailles) qui racontaient les guerres du roi, à l'extérieur comme à l'intérieur du royaume. A chacune des extrémités, se trouvaient deux grands portraits équestres, d'un côté celui de Louis XIII, de l'autre, celui de Richelieu.

Dans ces galeries d'apparat, les tableaux n'étaient pas seuls, côte à côte, comme dans un musée d'aujourd'hui; ils faisaient partie d'un programme. Chacun était entouré de médaillons, d'ovales peints, de cartouches. Au-dessous de chaque tableau prenaient place trois détails, trois < gros plans > si l'on veut, de la scène représentée. Au-dessus, en correspondance avec l'exploit des armées du roi, un exploit militaire romain entretenant quelque analogie avec lui. Au-dessus encore, dans des ovales, une scène mythologique tirée d'Homère. Chacun de ces

ensembles (le tableau et les motifs qui le complé-
taient) était autonome du point de vue de la production d'un sens politique. Et pourtant ils appartenaient à un ensemble plus vaste dans lequel ils
formaient série. Chacun réitérait le même message
politique : des exploits ont été accomplis, la correspondance antique et mythologique leur donne leur
véritable signification (historique et politique), chacun de ces exploits appartient au roi *et* au cardinal,
impossible d'y discerner ce qui revient à l'un et ce
qui revient à l'autre.

D'un bout à l'autre de la galerie, cet enseignement
était répété et se consolidait de cette répétition. On
avait donc un effet d'accumulation dans une sorte de
quête de complétude : aucun espace n'était laissé
vide et sans emploi. Chaque ensemble était relié à
l'autre par le chiffre du cardinal (couronne ducale et
chapeau de cardinal) apposé – trait d'union symbolique – au-dessus de chacune des fenêtres qui les
séparait. Chaque ensemble pouvait lui-même être
regardé comme réunissant les deux portraits des
extrémités, la présence de ces derniers n'étant, par
ailleurs, qu'une projection explicite de leur association dans chacune des actions représentées. Au total,
on trouvait donc, dans cette pièce, une série
d'ensembles autonomes du point de vue de la signification mais qui, tous, avaient une position fonctionnelle dans un ensemble plus vaste, position indis-

pensable à la construction, de ce dernier. La galerie dans sa globalité exprimait ainsi un discours sur le pouvoir qui ne faisait que répéter celui des ensembles qui la constituaient, mais à *une autre échelle*.

Dans la ville, le château et le parc, foisonnaient les décorations au sens voilé. Il fallait les déchiffrer. Mais souvent le sens était double ou triple. Tel était le cas des rostres (éperons de navire) partout semés, accompagnés ou non de cordages stylisés et entrelacés aux chiffres du cardinal. Ils évoquaient la charge de grand maître de la navigation que détenait Richelieu mais renvoyaient aussi à une métaphore politique très fréquente, celle du navire, du pilote au milieu des tempêtes (on peut d'ailleurs se demander si cette puissance symbolique n'a pas été une des raisons qui ont poussé le cardinal à rechercher cette charge...). Derrière chaque statue, chaque peinture, chaque motif sculpté, il y avait donc quelque chose à comprendre. Et c'était dans la galerie que la plus grande cohérence se trouvait atteinte, que tous les éléments épars se rencontraient, se mêlaient pour produire les enseignements politiques les plus complets et les plus complexes. Le groupe des motifs décoratifs de la porte du château formait, par exemple, un ensemble cohérent dont on ne comprenait l'organisation qu'en méditant dans la galerie. Mieux, la ville tout entière pouvait passer pour une galerie de plein air, longue allée d'honneur qui menait au centre du domaine.

A peu près en même temps, Richelieu faisait aménager une double galerie (deux galeries en enfilade) dans son palais parisien. Une galerie des illustres : dix-sept tableaux de Philippe de Champaigne, huit de Simon Vouet, chacun accompagné de médaillons allégoriques, de devises, de scènes représentant tel ou tel épisode de la vie de l'illustre. On y découvrait Henri IV, Louis XIII, Marie de Médicis, Anne d'Autriche, Gaston d'Orléans, dix-sept grands capitaines et trois ministres. Donc, à côté du roi, la famille royale, à côté de la famille royale, les grands serviteurs de l'État. Et surtout ceci : chaque entourage picturo-narratif des portraits avait un double sens, il pouvait être lu *à la fois* (et en même temps) comme se rapportant à l'illustre qu'il accompagnait et comme se rapportant à Richelieu, le maître des lieux.

La seconde galerie obéissait à un autre modèle. On y trouvait pêle-mêle des tableaux, des statues, des bustes antiques. D'où venait alors l'unité de l'ensemble ? Du plafond peint, là aussi par Philippe de Champaigne, et qui représentait la vie du cardinal. Mais une vie complètement transposée par l'allégorie. Une vie qui se lisait donc à travers, ou derrière, un ensemble d'abstractions peintes : « le bon gouvernement de Richelieu reconnu par l'histoire », « le génie de Richelieu avec la prévoyance et la générosité », etc. Chacune de ces allégories entretenait quelque rapport avec l'ensemble des motifs antiques et des statues. Le cardinal était là sans y être, sans être directement visible, sans être autrement visible que par ses chiffres et son blason. Présent et absent à la fois.

Les « Illustres » s'alignaient comme pour une parade, selon le modèle de la galerie historique, naguère mis au point pour le Louvre. L'image du cardinal était, quant à elle, transposée dans un ailleurs ultra-humain et mystérieux.

La construction de la ville, celle du château et son aménagement ont mobilisé des milliers d'artistes, d'artisans et d'ouvriers. Des sommes considérables ont été dépensées. Sur place, Henri de Sourdis a suivi les travaux et tenu Richelieu informé, jour après jour. A distance, le cardinal discutait les devis, le choix des matériaux, faisait déplacer une fenêtre ou rehausser un mur. Ses rabatteurs repéraient, partout à travers l'Europe, les statues, les peintures, quantité de pièces rares qu'il se chargeait ensuite de négocier.

Tout fut ainsi préparé avec une extraordinaire minutie. Le château fut entièrement meublé et les appartements reçurent une appellation : il y avait l'appartement du roi, celui de la reine et, bien sûr, celui du cardinal (à l'une des extrémités de la galerie), dont le centre était la chambre où il aurait été conçu. Mais ni le roi ni la reine ne mirent jamais le pied dans ces appartements, dans ce château, dans cette ville nouvelle... Et Richelieu non plus. Il passa sans doute voir le chantier, au début, pendant quelques heures et n'y revint jamais.

Bien avant sa mort tout était aménagé, chaque meuble à sa place. Et pourtant personne n'habita le château (à l'exception de Sourdis pendant les travaux). La galerie ne reçut que quelques très rares visiteurs. Tout dormait, ou tout veillait, loin des regards. Alors, pourquoi Richelieu? Pourquoi des programmes décoratifs complexes, chargés de sens, apprêtés pour des déchiffrements virtuoses, développant des trésors de persuasion, mais auxquels personne n'avait accès?

Pourquoi Richelieu? Ou, d'abord, à quoi Richelieu servait-il? Pour la ville, les réponses sont assez faciles à trouver. Richelieu était la capitale d'un territore, le duché-pairie. Lors de l'érection, en 1631, la création d'un bourg avait explicitement été mentionnée. A partir de 1638, on parla d'une ville. Et, effectivement, bien des caractéristiques de la ville ancienne étaient présentes : des murs, des exemptions fiscales, des fonctions économiques (marchés hebdomadaires, foires annuelles), des fonctions administratives (on y transféra deux circonscriptions fiscales : le grenier à sel de Loudun, l'élection de Mirebeau).

Mais il manquait l'essentiel : cette ville n'avait pas de statuts municipaux, pas de corps de ville, ni d'hôtel de ville, c'était une ville seigneuriale. La justice qui s'y exerçait était celle du seigneur (avec de forts privilèges : le droit de commitimus qui permetait d'accéder directement au parlement de Paris pour les appels, en évitant toute la pyramide des juridictions locales).

La ville était également dotée d'activités qui révèlent la cohérence du projet. Une imprimerie y avait été installée et, à partir de 1640, une académie et collège royal. Il s'agissait d'une académie pour la noblesse avec tout ce que cela comportait (exercices physiques, instruction militaire), mais avec une particularité : l'enseignement de toutes les matières devait s'y faire en français. Son premier intendant – Nicolas Legras – a laissé une intéressante profession de foi pédagogique. Il relie explicitement le projet à l'Académie française (fondée en 1635), comme le font d'ailleurs les lettres patentes de fondation. L'Académie française avait pour but de réformer et purifier la langue, instrument nécessaire à l'unité du royaume et à son bon gouvernement, l'académie de Richelieu devait servir de relais, pour et par la noblesse afin « d'introduire la réforme du langage dans toutes les provinces les plus éloignées » :

Les pères peuvent envoyer de bonne heure les enfants en la ville de Richelieu, au temps qu'il sera

175

facile de leur ôter le mauvais accent de leur pays et de les accoutumer insensiblement à la meilleure prononciation, au choix et à la pureté des termes en sorte que, par après, s'en retournant au pays de leur naissance, bien que le langage y soit extrêmement corrompu, ils parleront toute leur vie bon français... C'est ainsi que nous donnerons cours dans tout le royaume aux maximes de Messieurs de l'Académie et Votre Éminence aura la gloire d'être le restaurateur de la langue comme de la patrie.

Il restait une autre fonction importante de Richelieu : c'était un centre religieux. La ville fut dotée d'une cure, confiée à la congrégation de la Mission. Le 4 janvier 1638, le cardinal et Vincent de Paul, le supérieur de la congrégation, passèrent contrat. Dans ce document, on remarque l'importance des effectifs affectés à cette toute petite ville : dix prêtres, effectifs doublés en 1642. Leur entretien était pris en charge par le cardinal. Il s'agissait, en plus, d'un système original : quatre de ces prêtres restaient en permanence à Richelieu, les autres se divisaient en équipes (deux équipes de trois) qui partaient enseigner, prêcher, convertir, dans le diocèse de Poitiers et dans celui de Luçon (l'ancien diocèse de Richelieu). Ils étaient tenus de faire quatre expéditions missionnaires dans l'année, à travers une contrée où vivaient de nombreux protestants. En outre, un lieu de retraite pour les prêtres des deux diocèses était fondé dans la ville nouvelle et l'on y créa des petites écoles et un hôpital.

Le choix du supérieur montre l'importance accordée par le cardinal, par Vincent de Paul et son ordre, à l'organisation de cette *base missionnaire*. Ce fut Bernard Codoing qui venait de diriger la mission d'Annecy, haut lieu de la spiritualité française (Annecy était la ville de François de Sales, mort en 1622 ; Codoing en avait recueilli l'enseignement par l'intermédiaire de Jeanne de Chantal qu'il approchait). Après son poste à Richelieu, il fut désigné pour la mission de Rome, position évidemment très en vue (il s'agissait de représenter l'ordre auprès du pape).

Richelieu servait donc aux habitants du duché, aux élèves de l'académie (mais elle ne survécut guère à son fondateur), aux paysans qui recevaient les prêtres de la Mission, aux visiteurs, nombreux après la mort du cardinal et jusqu'à la Révolution, qui s'émerveillaient de tant de richesses et de tant de trouvailles. Par ses fonctions, ses ambitions missionnaires et culturelles, sa prompte célébrité, Richelieu rayonnait. Un lieu rayonnant ; le jeu en valait-il la chandelle ? Richelieu rayonnait sur les campagnes environnantes, et, par ses prêtres, plus loin dans les diocèses de Poitiers et de Luçon. Plus loin encore (jusque dans les provinces voisines, de l'Auvergne à la Bretagne), l'académie prétendait séduire la noblesse qui n'avait pas les moyens d'aller à la cour, et puis, au-delà, l'imprimé (textes et gravures) répandait la rumeur du gigantisme du chantier, des merveilles accumulées, de l'étrangeté du lieu.

Cette notion de rayonnement, avancée à partir de la liste des fonctions urbaines de Richelieu, semble faire écho au panorama du *point de vue*, ce centre géométrique du domaine d'où ‹ de quelque côté qu'on se tourne, les portes de la ville, du château, du parc et de la grande avenue étant ouvertes, on voit à plus d'une grande lieue ›. Vers le nord, le regard traversait la ville et se perdait dans un horizon de brume. A la limite de cet horizon — à la limite théorique, en réalité un peu au-delà — se trouvait le château de Champigny, dont le fief de Richelieu avait autrefois dépendu. Magnifique bâtisse Renaissance, il appartenait aux Montpensier, ancienne famille ducale. Richelieu en fit l'acquisition en 1635 et le fit raser pour qu'il n'en reste pas pierre sur pierre. Telle était la logique du rayonnement.

La ville qui, par la rue principale, d'une porte à l'autre, laissait donc passer le regard fixant l'horizon vers le nord sans l'arrêter, et donnait ainsi l'illusion d'un effacement, d'une disparition pareille à celle du cylindre d'un chapeau claque, rendait mouvant et, disons-le, élastique l'espace qu'elle occupait. Traversée à pied ou, plus gravement, au pas solennel du cheval ou d'une mule (dont la sérénité et la souplesse

178

sied aux magistrats et aux ecclésiastiques), elle mettait en valeur la taille imposante et régulière de ses hôtels.

Il faut savoir que le cardinal avait fait pression auprès de ses amis et créatures pour qu'ils bâtissent à Richelieu. Sourdis avait accepté de bon cœur, et quelques autres aussi. Mais le succès était loin d'être complet, la plupart des lots ne trouvant pas preneur. Alors, les financiers qui profitaient des bonnes affaires de l'État en guerre, et offraient à la monarchie ces liquidités dont elle était avide, avaient été sollicités. Tellement bien que la « Rue de la Vertu Obligée » était devenue propriété des différentes sortes de créatures et obligés du Premier ministre. Cette allée d'honneur, galerie de serviteurs et affidés, parcourue tout au long, avant d'entrer dans le parc, ou escamotée par le regard, se présentait ainsi comme un vestibule de dépendance, de déférence et de dévotion au maître. Ce dernier aurait pu, de ce fait, longuement passer en revue la foule de ses domestiques et collaborateurs, mettre en avant leur nombre et leur efficacité, ou bien faire porter son regard loin vers l'horizon, dans la solitude assumée de son pouvoir. Le *point de vue* n'était rien d'autre qu'une allégorie de ce plausible regard de l'aigle.

Il reste que les créatures en question, n'ont, à quelques exceptions près, jamais séjourné dans ces propriétés acquises sans trop d'enthousiasme (le terrain

179

avait pourtant été offert gracieusement), pas plus que le maître des lieux. Alors, une fois encore, pourquoi? Pourquoi tous ces efforts, ces investissements, ces calculs, ces dispositifs si brillants, si efficaces (à ceci près qu'il n'y avait personne pour les éprouver)?

Le pouvoir — ce pouvoir — a besoin de laboratoires où se conçoit, en taille réelle, la cohérence des signes qu'il met en circulation, leur capacité à former un système, où se met au point la force de discours nouveaux ou, pour le moins, reformulés, adaptés à des situations et des usages nouveaux. Leur mise en représentation dans des programmes décoratifs a pour vertu de les montrer déjà accomplis (bon test de leur efficacité) dans une représentation. Rien de certain, rien d'acquis avant que le monument ne soit terminé et fonctionne, d'où l'importance des constructions, de leur avancement, de leur surveillance attribuée, comme ce fut le cas à Richelieu, à des hommes de confiance. La réussite de l'opération aide le pouvoir à se penser et tout spécialement à se penser comme puissance d'action et de persuasion dans la fiction d'une table rase, d'une page blanche, hors des contraintes d'une société, des encombrements des héritages enchevêtrés.

Comme Versailles le fera plus tard, Richelieu sert de répondant, garantit la valeur des images en circulation, si l'on me pardonne cette métaphore monétaire. Des images mises en circulation ailleurs, dans les cérémonies publiques, dans l'imprimé, de plus en plus dans l'imprimé. Il suffit de savoir que ce lieu existe dans sa complétude. La garantie c'est la complétude. Même si personne ne la voyait jamais, comme personne ne voit jamais le stock d'or de la banque de France. Et sur ce plan on trouverait des exemples bien plus étranges encore, comme le phare de Cordouan, lieu habité par un seul ermite, lieu invisible, qu'Henri IV avait fait construire sur le modèle du phare d'Alexandrie et doté d'un puissant programme décoratif au message politique explicite.

Richelieu serait, de ce point de vue, une sorte de rêve éveillé du pouvoir sur lui-même. Dans son ambition plutôt démesurée, dans son implacable cohérence, le projet exprimerait une faiblesse, l'absence de lieux politiques où penser la nouveauté, où se penser comme différent de ce qui a été, et conjurerait un dépit, l'impossibilité d'agir dans un environnement vierge de rapports de force hérités, le dépit d'avoir à œuvrer dans une société qui résiste. L'hyperrationalité de Richelieu se substituerait à la rationalité défaillante de l'action politique quotidienne, à l'impossible *raison d'État*.

Juin 1990, *le point de vue* joue encore, en tout cas vers le nord du côté de la ville, et vers l'ouest. Le parc au sud a changé (dès le XVIIIe siècle), les effets de perspective ont disparu. Vers l'est, rien n'arrête le regard, il n'y a plus de château.

La position exacte du *point de vue* se retrouve aisément ; on regarde alors le château absent, un carré au soubassement maçonné entouré d'eau. Le pont franchit les douves, une pierre ronde marque l'emplacement de l'ancienne porte monumentale, sur le dôme de laquelle se dressait une statue de la renommée, en bronze, avec ses deux trompettes. Dans ce carré vide, de grands arbres, la roseraie. Traverser la cour, penser au plan, situer les appartements du cardinal, cette fameuse chambre où il aurait été conçu. Une évidence : c'est plus petit qu'on ne croyait. A étudier le plan et les gravures, on pense restituer mentalement les proportions, mais en traversant et retraversant le carré, on change d'avis. Trois siècles après, les images imprimées continuent à produire leur effet d'amplification. Un des objectifs de Richelieu, c'était aussi de produire de pareils effets. Richelieu existait pour que des images le rendent plus grand, plus puissant. L'impression se confirme quand on marche vers la demi-lune et le portail d'entrée sur le petit côté du parc, à l'ouest, là où passe la route vers Loudun (il y a un panneau jaune avec, en haut à gauche, un petit portrait du cardinal et, en grosses lettres rouges, *Richelieu vous remercie de votre visite*).

Le parc, lui, est immense. Les traces sont nombreuses d'une organisation de son espace (des canaux maçonnés, des chemins blancs rectilignes où l'œil se fixe et s'égare), et aussi d'une certaine et ancienne ambiguïté de son statut (limites incertaines avec la forêt, avec la zone des cultures). On conçoit qu'il offrait un pendant à la ville — il l'offre encore — et que de cette symétrie, de ce contraste, naissait l'évidence d'un espace agencé, intégré par le miracle du *point de vue*.

Les traces du double, de cette dualité qui a fait couler tellement d'encre, ne se saisissent plus que dans la ville : il reste les deux places et une foule de petits indices.

Richelieu n'est jamais venu ici. Existe-t-il davantage de raisons de l'y sentir mieux présent qu'à la station de métro Richelieu-Drouot où l'on a installé un panneau avec son portrait et un résumé de sa vie et de sa carrière ? Richelieu est une très belle ville du XVIIe siècle, et ce temps-là s'y exprime puissamment. Mais faut-il extrapoler sur la foi du nom, du miracle du nom, du visage partout représenté sur les souvenirs en porcelaine et jusque sur une gênoise parfumée à l'orange (gâteau nommé Richelieu) ? Au dédoublement visible, par exemple les boules décoratives sur les toitures, s'ajoute une dualité visible mais impalpable, l'extraordinaire effet du déploiement et du rétrécissement de la ville, selon qu'on la regarde de l'extérieur ou de l'intérieur des portes nord et sud. Et

183

une dualité perdue, celle du château, tout neuf et, en même temps, conçu pour enrober l'ancienne construction devenue invisible mais toujours présente.

Ambivalence. Le mot est-il trop abstrait? La réalité ne l'est pas moins. Disons : balancement entre présence et absence. Richelieu, le domaine, la ville, met en scène, entre ses mystères, ses points d'interrogation, ses secrets trahis éloquemment, sa rationalité et sa folie, la parole du pouvoir et son silence, conjointement, indiscernablement. Dans ce projet extravagant de logique sans reste, le cardinal était tout entier et, comme toujours, déjà (ou encore) ailleurs. En exhibant, par la symétrie et la dualité, la prétendue évidence d'une revendication (l'égalité avec le roi), panneau dans lequel continuent de tomber les commentateurs trois siècles et demi après, Richelieu dissimulait la réalité d'un fonctionnement du pouvoir : rappelez-vous, la blancheur des lys et la noirceur du machiavélisme à la française, la course à la sacralisation et le poids du péché, la perfection et la force agissante.

Une fois le cardinal dans le tombeau de la Sorbonne, passé le temps de l'action, le domaine devint un patrimoine princier entre les mains d'héritiers endettés. Le grand qui avait hissé sa famille à ce rang laissait derrière lui une montagne d'archives dont on

allait tirer un *Testament politique* plein de belles formules. L'une des plus fameuses, reproduite dans
vingt générations au moins de manuels scolaires :
« Rabaisser l'orgueil des grands. »

Ce petit livre, nourri d'une recherche déjà longue, est né, au printemps de 1990, entre la bibliothèque et les restaurants de l'Université de Princeton. Fellow du *Shelby Cullom Davis Center for Historical Studies* pendant un semestre, j'ai pu reprendre systématiquement le dossier historiographique de Richelieu à la *Firestone Library*, dans des conditions proches de l'idéal. Les étudiants, les collègues, les amis du département d'histoire, du département de français et de l'*Institute for advanced Study* m'ont si souvent demandé, autour d'un sandwich ou d'un café, de raconter ma recherche, que de ces récits – des commentaires, des étonnements, des critiques qu'ils suscitaient – a fini par surgir la silhouette de ce *Richelieu*. Je n'ai pas oublié la richesse de ces échanges, ni celle des rencontres faites à l'Université de Californie à Irvine, dont le *Humanities Research Institute* m'a ensuite accueilli.

Je dois aussi des remerciements à mes amis, mes complices du *Centre de Recherches historiques* et d'ailleurs, dont je n'ai apparemment pas encore réussi à lasser la patience. Et, parmi eux, tout spécialement à Alain Boureau et Jeanne Contou qui m'ont aidé à relire et corriger le manuscrit.

Comme le voulait la règle du jeu de la collection *L'un et l'autre*, j'ai supprimé notes érudites et références, mentionnant simplement, dans le cours du texte, les ouvrages et articles auxquels j'avais fait des emprunts directs.

DU MÊME AUTEUR

MAZARINADES. LA FRONDE DES MOTS, Aubier,
1985.

Lisibilité et persuasion : les placards politiques et *Imprimer l'événement : La
Rochelle à Paris,* dans LES USAGES DE L'IMPRIMÉ, Fayard,
1987.

Révoltes et contestations d'ancien régime, dans HISTOIRE DE LA
FRANCE. L'ÉTAT ET LES CONFLITS, Le Seuil, 1990.

Composé et achevé d'imprimer
par la Société Nouvelle Firmin-Didot
à Mesnil-sur-l'Estrée, le 7 février 1991.
Dépôt légal : février 1991
Numéro d'imprimeur : 16779.
ISBN 2-07-072185-X/Imprimé en France